名鉄沿線の不思議と謎

大塚英二・監修
Eiji Otsuka

JIPPI Compact

実業之日本社

はじめに

　愛知県民である私にとって、名古屋鉄道はとても身近な存在である。瀬戸《せと》線沿線に暮らして丸二八年、そのあいだに二度転居したが、いずれも沿線上である。職場に近いことと官庁街・繁華街に近い名古屋栄《さかえ》に出るのに便利であることが理由である。仕事と余暇、これにフィットしていくのがまさに私鉄の使命であろう。

　本文にも触れるが、名鉄《めいてつ》は愛知・岐阜両県につくられた非常に多くのローカル線（私鉄）を統合する形で成立した。それらは、それぞれの地域に特有の意味と事情（たとえば瀬戸電気鉄道は窯業用資材・商品の運搬上の要求から出発）によって設立され、そこに暮らす人々に愛されてきたが、経営上の問題と時局の求めに応じて名鉄となった。

　名鉄は絶えず中部政財界の動きに機敏に対応してきた。二〇〇五年の愛知万博開催に際しては、中部国際空港の開港に合わせて、自らを空港輸送の担い手となるべく再編した。

　さらに、二〇二七年度開業予定のリニア中央新幹線に備え、名鉄本社ビル周辺地域の再開発とともに、名鉄名古屋駅と近鉄《きんてつ》名古屋駅を一つのターミナル駅として一体化する方針も打ち出している。名鉄は常に進化し続けているといえるだろう。

地域に密着した運送系統と時局に合わせて柔軟に変化する名鉄。一見、一人勝ちのようにも見えるのだが、鉄道以外の強力なライバルがいることも事実である。それは、マイカーである。理由については本文に譲るが、その存在がイノベーションを遂げるためには欠かせない好敵手となっているのであろう。

本書は、名鉄沿線にまつわる歴史的事象・意外な地理の謎を、都市の開発史やユニークな駅、奇妙な路線図などさまざまな観点からとり上げ、多くの図版や写真とともに紹介している。肩の凝らない小ネタ満載で、それでいて郷愁やほろ苦さといったカタルシス的要素も少しだけ味わえるようにした。

日頃利用する名鉄への思いは人それぞれのはずだから、本書によって読者がその思いを新たにしてくれれば、それに越したことはない。もちろん、名鉄にはあまり縁がないという人にも、これくらいはぜひ知っておいてほしいと思うところを詰め込んだ。読後、何かしら新しい発見があることを確信している。

大塚英二

二〇一五年五月

名鉄沿線の不思議と謎《目次》

第二章 途中下車してみたら…… ユニーク駅を発見

02

第三章 ガイドブックには載らない 名鉄沿線の新名所

03

第四章　地図から浮かび上がってくる　路線図の不思議

04

第五章 駅員さんに聞きたくなる！ 名古屋鉄道の秘密

05

06 第六章 行って確かめたくなる！ 駅名・地名謎解き旅

カバーデザイン・イラスト／杉本欣右
本文レイアウト／Lush!
本文図版／イクサデザイン

第一章

土地の歴史がわかる
沿線都市の発展史

庄内川に、かつて役所が建つほど巨大な島があった!?

西枇杷島
にしびわじま
NISHIBIWAJIMA

名鉄名古屋駅で名古屋本線に乗車し、豊橋《とよはし》方面へと向かうと、やがて東枇杷島《ひがしびわじま》駅、さらに庄内川《しょうないがわ》を渡り西枇杷島駅へと到着する。

枇杷島という名は、かつて庄内川にあった中洲《なかす》に由来するという。現在こそ島の影など見られないが、かつて中洲は「中島《なかしま》」と呼ばれ、家が建ち、住民が暮らしていたという。

さてこの中洲、自然物かと思えば人工物で、江戸時代に徳川家康《とくがわいえやす》の九男であり、尾張徳川氏の祖である徳川義直《よしなお》が造らせた。

義直が尾張《おわり》に転封《てんぽう》される少し前の一六〇一（慶長《けいちょう》六）年、名古屋から中山道《なかせんどう》へと至る美《み》濃路《のじ》が整備された。現在の西枇杷島駅周辺は街道沿いの町として栄え、一六一一（慶長一六）年頃には、「江戸の神田《かんだ》」「大坂の天満《てんま》」と並ぶ日本三大市場の一つ「下小田井《しもおたい》の市《いち》」が立つようになった。その後、下小田井の市は枇杷島市場と名称を変え、三〇〇年ものあいだ、おおいに賑わった。現在の市は西春日井《にしかすがい》郡豊山《とよやま》町に場所を変え、名古屋市北部市場として名古屋市民の台所となっている。

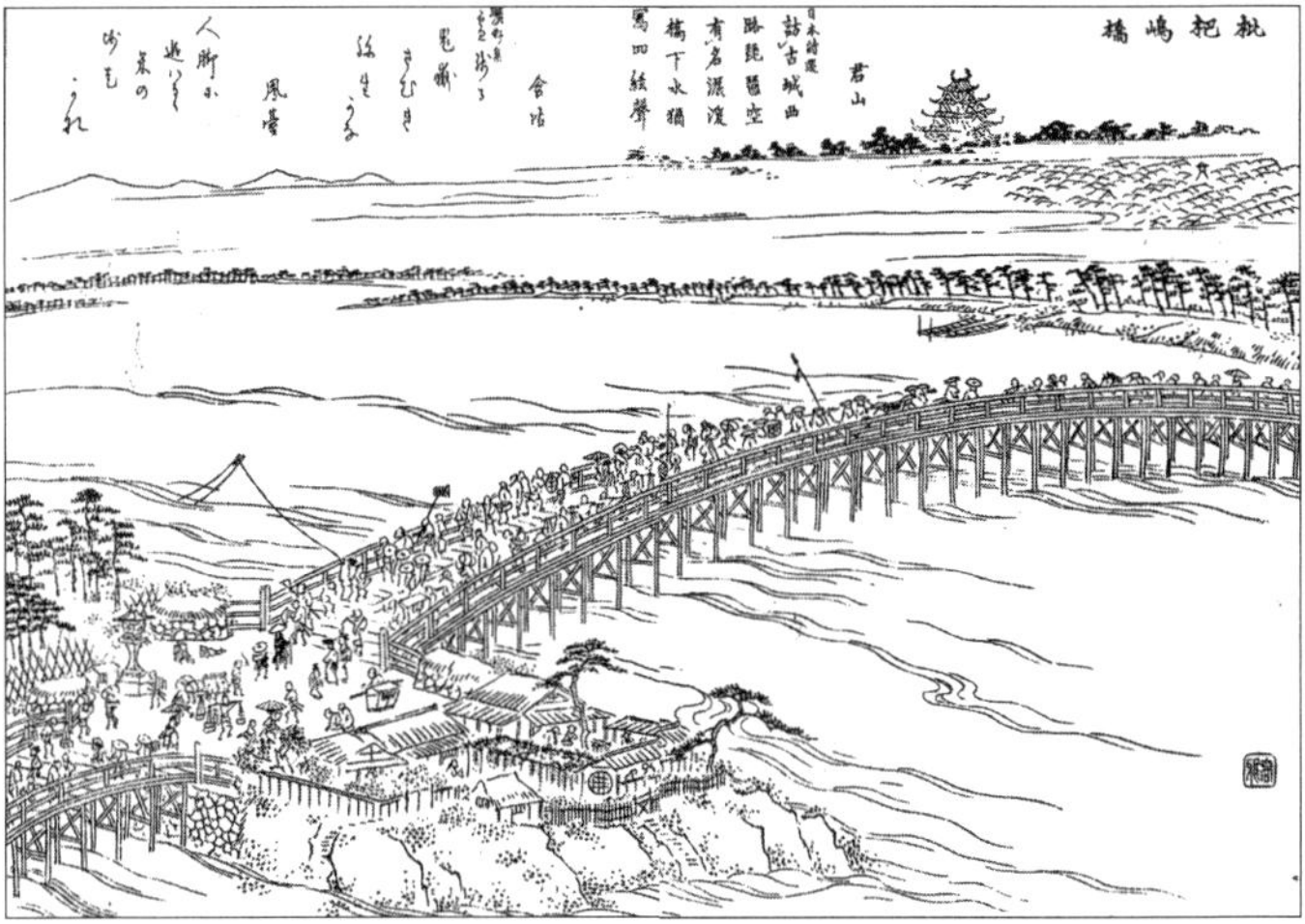

『尾張名所図会』より、枇杷島橋。画面左下が中洲で、その左右を大橋・小橋が渡されている。大勢が橋を渡り、活気にあふれた様子が見てとれる（国立国会図書館蔵）。

かつての中島は、市場関係者が利用したと見られ、一六二二（元和《げんな》八）年には庄内川と中島に渡るための橋が島の東西に架けられた。

文化《ぶんか》年間（一八〇四～一八一八年）に完成した資料によれば、中島には「橋の下流側に茶屋二軒、弁天堂一つ」があったという。さらに江戸時代末期から明治初期にかけて編纂された『尾張名所図絵《おわりめいしょずえ》』にも「茶屋二軒」とあり、図絵の枇杷島橋の絵には、島を利用して渡された橋と、茶店のようなものが見える（上写真参照）。

一八八四（明治一七）年に発行された『下小田井村地籍字分全図《ちせきあざぶんぜんず》』には「宅地七箇所」の記述があるため、明治初期には民家が建てられていたようだ。そして同年六月には、西春日井郡（当時）の郡役所が置かれ、公共施設や食堂、医院なども営まれていたという。

古代にあった哀しい恋の物語

枇杷島という名は、中島が楽器の琵琶のような形をしていたからとも、枇杷の木がたくさん生えていたからともいわれているが、もう一つ、悲しい恋の伝説が残されている。

平安時代の末期、太政大臣《だじょうだいじん》藤原師長《ふじわらもろなが》が平清盛《たいらのきよもり》によって井戸田村（現在の名古屋市瑞穂《みずほ》区）に配流された折のことである。師長は里の長者の娘と恋に落ちたが、翌年、罪を許され都に戻ることになった。琵琶の名人で、ことあるごとに都を偲《しの》んで奏でていた師長は、愛用の琵琶を別れに際し、愛する女性に預けた。しかし、娘は世をはかなみ、琵琶を抱いたまま身を投げてしまった。それ以来、この周辺を枇杷島と呼ぶようになったという。

現在、庄内川を渡る車窓から川面を見下ろしても、かつて存在したはずの中島の姿をとらえることはできない。一九五八（昭和三三）年に行なわれた庄内川の河川改修の際に、島はとり除かれてしまったからだ。周辺は川幅が狭いために土砂が溜まりやすく、川にある中洲がますます水路を狭め、堤防決壊の危険が高まると判断されたからだ。住民への説得と撤去には八年もの歳月が費やされたという。

河和海岸のコンクリート遺構は護岸ではなく軍事施設

内海
うつみ
UTSUMI

三河《みかわ》湾と伊勢《いせ》湾に面した知多《ちた》半島。その南部に位置する美浜《みはま》町・河和《こうわ》の海岸には、大きなコンクリート面がある。いかにも、護岸用といった趣《おもむき》だが、その正体はまるで違う。

コンクリート面が造られたのは、太平洋戦争の真っただ中である一九四三（昭和一八）年のことだった。この時代にこれほど大規模な工事が行なわれた理由を考えたとき、おのずと答えは出てくるだろう。

戦時下の日本を牛耳《ぎゅうじ》ったのは軍であり、この頃の鉄道路線や工場の建設などは、いずれも軍の施設、あるいは軍用線として利用するために造られたものである。そしてこのコンクリートもまた、軍用施設の一つであった。

コンクリート面は、スリップと呼ばれる小型飛行機用の滑り台で、水上機を海に下ろしたり、海から陸へと引き揚げたりするときに使われた。

よく見てみると、上げ下げしやすいよう、表面は水平ではなく緩やかな角度がつけられている（一七ページ写真参照）。

じつは当時の河和一帯は、「河和海軍航空隊水上機基地」という軍の基地が設営されていた。河和が水上機基地となったのは、立地条件がよかったからである。知多半島の突端に位置するため、パイロットが空から見たとき場所を把握しやすい。また、波が静かで遠浅の浜だったので、水上機の発着訓練をするのにぴったりだった。

さらに、近くの伊勢湾岸には鈴鹿《すずか》海軍航空隊があり、もともと鈴鹿海軍航空隊の飛行訓練ルートに河和が組み込まれていたという事情もあった。航空隊の近くに基地があるのは何かと都合がよかったのである。その上、近隣には「中島飛行機半田製作所」と「三菱重工名古屋航空機製作所知多工場」もあった。

中島飛行機は、富士重工業のグループ会社である輸送機工業の前身で、戦前・戦中は攻撃機の生産を得意としていた。終戦までに、艦上攻撃機「天山《てんざん》」九七七機、艦上偵察機「彩雲《さいうん》」四四〇機を産出しており、最盛期には、正規従業員九一六〇人に加え、学徒や職人など一万六八八七人が働いていたという。

他方、三菱重工の知多工場は、名古屋市にあった大江工場が敵襲にさらされた場合を想定し、機能を移転させた工場で、一九四四（昭和一九）年四月には、工場の隣には三〇〇メートルの滑走路を有していた。

実際、同年一二月には、大江工場が空襲と東海地震によって壊滅的な打撃を受け、知多

河和スリップ跡地

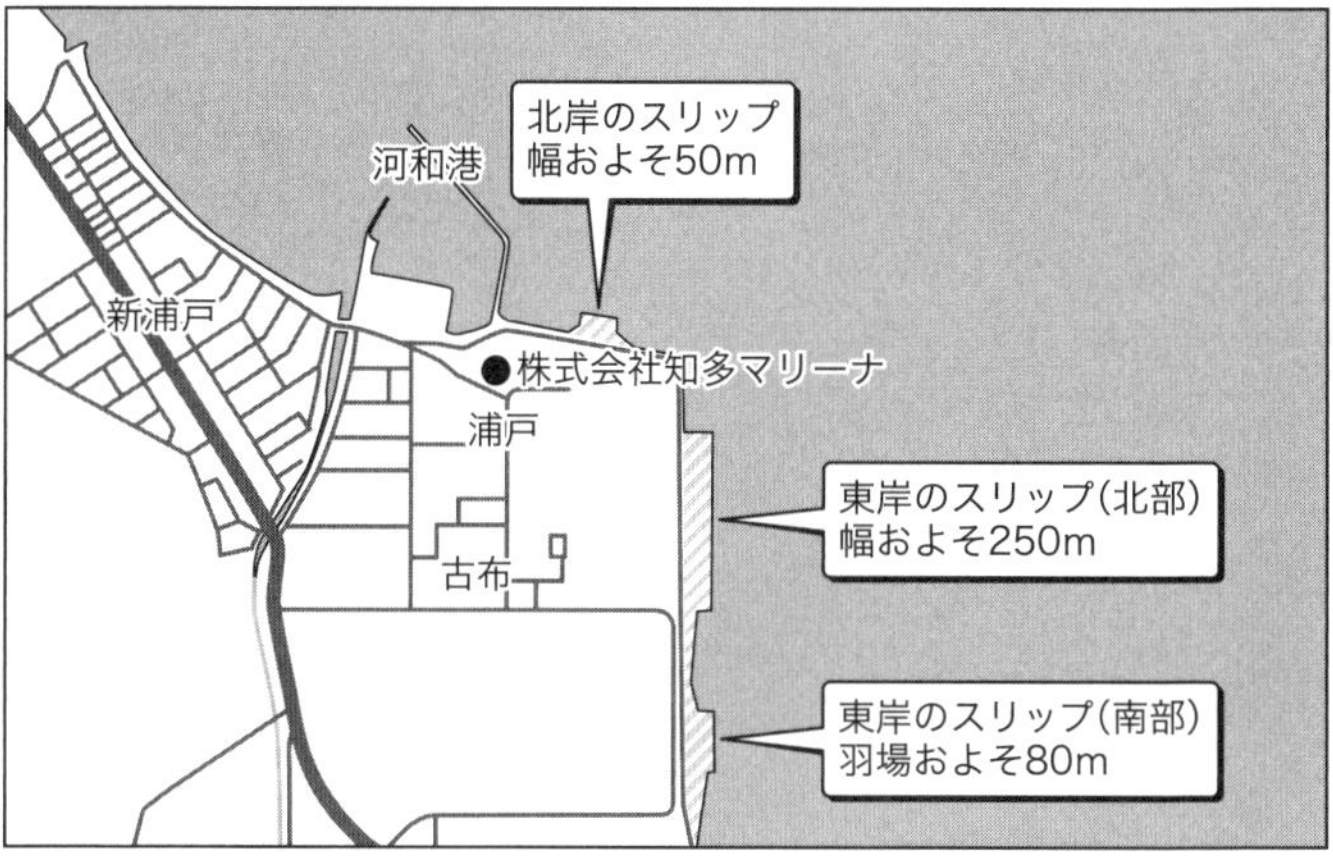

海岸には、3つのスリップ跡が残されている。北岸スリップは「第一すべり」、東岸北側スリップは「第二すべり」、東岸南側スリップは「第三すべり」と呼ばれた。

写真では見づらいが、コンクリート面は水平ではなく緩やかな角度がついている。また、両端部は城郭の石垣のように花崗岩で補強されている(美浜町教育委員会提供)。

工場が大江工場の役割を全面的に担うようになった。知多工場では、陸軍が誇る四式重爆撃機（通称・飛龍《ひりゅう》）を生産していた。

特攻の訓練基地となった河和基地

軍の関連施設に囲まれ、立地にも恵まれていた河和海軍航空隊水上機基地は、水上機の練習や水上機の整備員の養成場として造られた。

基地には、水上観測機や水上偵察機、九五式水上戦闘機「強風《きょうふう》」など約九〇機があり、延べ一万人以上が所属していた。

だが、河和基地ができた時点ですでに敗戦色は濃厚となっており、航空隊の一期生が訓練に入った一九四五（昭和二〇）年五月には、爆弾とともに敵艦に突っ込む特攻の訓練が行なわれた。そして訓練を終えた生徒は、実戦の特攻隊として沖縄に向かって飛び立っていったという。河和基地近くに人間魚雷「回天《かいてん》」の特攻基地跡があるほか、隣接する南知多町片名には「震洋《しんよう》」特攻基地跡があるなど、戦争遺産が多い。

コンクリートが残る河和基地跡は、もともとは青松白砂の美しい浜だったという。しかし、基地を造るために、その美しい自然は破壊され、終戦から七〇年経った今も、もとに戻ることはないのである。

津島天王祭で山車ではなく船が出るのは、かつての港町の名残

津島
つしま
TSUSHIMA

津島《つしま》神社は、「津島牛頭《ごず》社」「津島の天王《てんのう》さん」とも呼ばれ、御霊《ごりょう》信仰の拠点として地元の信仰を集めてきた。その名の通り、津島神社は、全国の牛頭天王の総本社にあたる。

牛頭天王とは、地獄にいる牛の頭を持つ鬼のことで、死者を苦しめる役目を担っている。そんな恐ろしい鬼が神社に祀られるのは、一見不思議に思えるが、牛頭天王を信仰することで、災難を乗り越えられると信じられている。

津島神社では、牛頭天王の怒りを鎮めるために毎年、祭りが行なわれている。その祭りは「尾張《おわり》津島天王祭」といい、平安時代の御霊会《ごりょうえ》を起源としている。

平安時代の人々は、疫病が流行ったり、天災にあったりするのは、すべて人間界に災いをもたらそうとする御霊のしわざだと考えていた。とくに有名なのが、藤原氏一族によって失脚させられた菅原道真《すがわらのみちざね》の祟りである。そうした荒ぶる御霊を鎮めるために行なわれた祭りが、「御霊会」だった。

のちに御霊会は、疫病が流行りやすい夏に、酷暑を乗り切り健康に過ごせるよう願いを

込めて行なう夏の祭礼として発達し、「天王祭」の名で全国に広まった。その代表とされるのが、京都八坂《やさか》神社の祇園祭《ぎおんまつり》や尾張津島神社の津島天王祭なのである。

ところで、八坂神社の祇園祭をはじめ各地の天王祭では、祭りのハイライトで山車《だし》や山鉾《やまほこ》が街中を練り歩くが、尾張津島天王祭ではなぜか山車や山鉾が使われていない。代わりに出るのが船である。祭り当日、津島神社から神輿が出て、天王川公園に運ばれる。そして夜になり太鼓が鳴らされ、まきわら船の提灯が点火されると、いよいよ丸池に五艘の船がこぎ進むのだ。

船が使われる理由は、かつて津島という土地が伊勢と尾張をつなぐ港町だったからだ。川が多く町が中洲のようになっていたため、伊勢〜尾張を行き来するのに、川を渡るのがもっとも便利だったという。

じつは祭りの舞台である天王川公園の丸池は、今でこそ池となっているが、昔は津島川(天王川)の一部であった。津島川は、江戸時代までは三宅川、萩原川(日光川)の合流地点であり、合流後は、佐屋《さや》川につながっており、伊勢湾にまで続いた。

津島という地名も、もともとは三角洲のような地形が、まるで島のように見えたことから名づけられたとする説がある。また、干潮時に津島の岸が島のようにみえたからという説もあり、祭りだけでなく、地名にも舟運のまちとしての名残が感じられる。

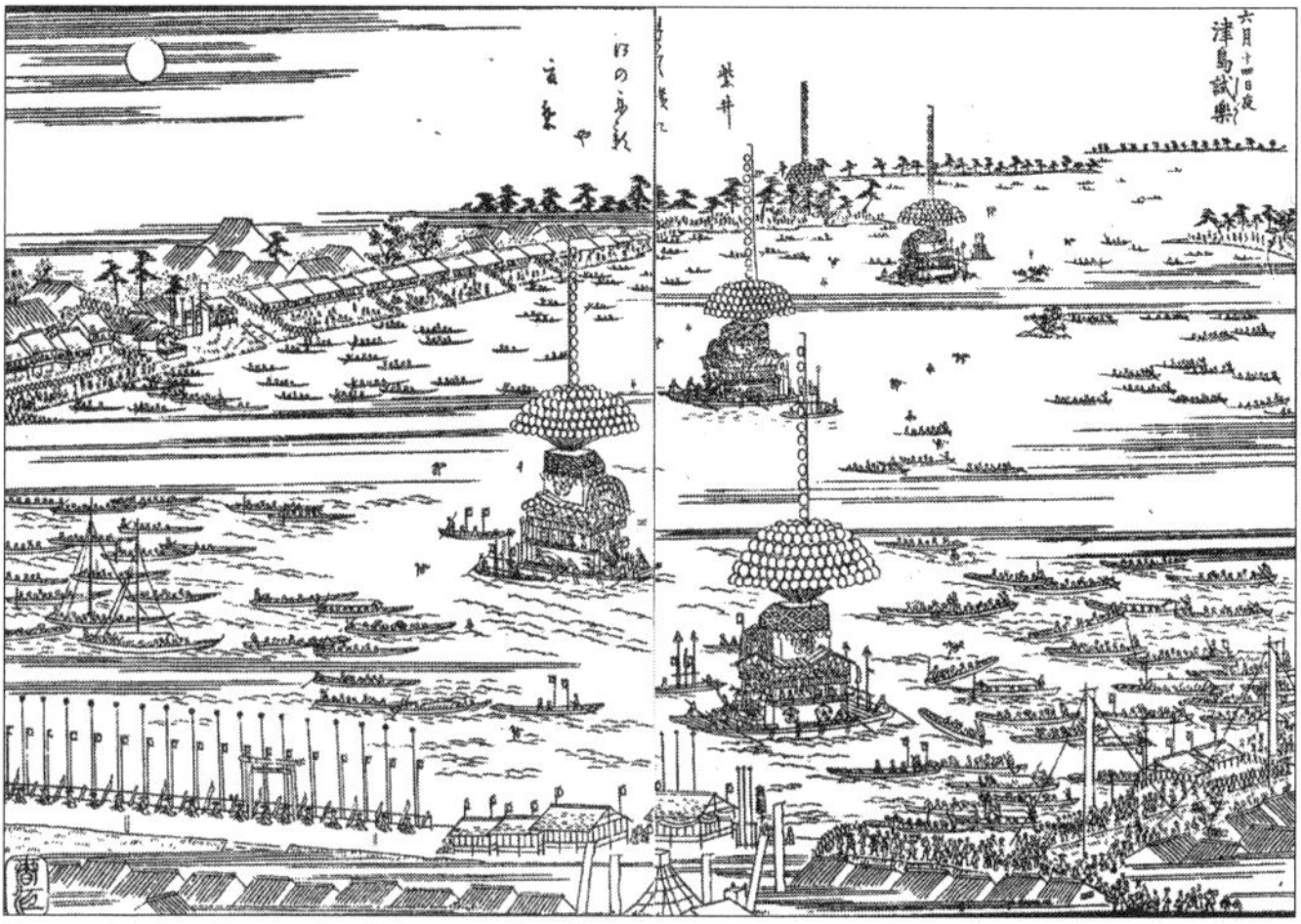

『尾張名所図会』より、津島天王祭の様子。大河にまきわら船のほか、多数の小船が漕ぎ出す様は、まちが舟運で栄えた時代を感じさせる（国立国会図書館蔵）。

現在の津島天王祭の様子。まきわら船の形は江戸時代当時そのものだが、舞台が大河から池に変わり、規模が縮小されている（津島市提供）。

「鳴海」は海とは関係ないって本当？

鳴海
なるみ
NARUMI

名古屋市緑《みどり》区には、名古屋本線の鳴海《なるみ》駅という名の駅がある。その駅名を見ると、海岸沿いに位置し、どこからともなく波の音が聞こえてくる……と想像する人が多いはず。ところが駅周辺を散策しても、旧東海道の風情が残る街道に出るだけで、海などどこにも見当たらない。

鳴海という名がどこから来たのか、歴史をさかのぼると、その答えを知ることができる。この名が記録としてはじめて登場するのはかなり昔で、『古事記《こじき》』『日本書紀《にほんしょき》』に登場するヤマトタケルノミコトが、この地を通った際に残した歌がある。

「鳴海浦を　見やれば遠し火高地《ひだかじ》に　この夕潮に　わたらへむかも」

鳴海浦という言葉から、かつてはこのあたりまで海が迫っていたことがわかる。

実際に、鳴海を含む熱田《あつた》一帯には、愛知県の県名由来とされる「あゆち潟《がた》」なる干潟が広がっていたという。

また、江戸時代までは、東海道の宮宿《みやじゅく》（熱田宿）から鳴海宿にかけて、鳴海潟と呼ばれる海が迫っており、東海道を利用する旅人たちは、目の前に広がる海と潮騒を楽しみながら道中を歩んだとされる。風光明媚な場所としても知られ、俳人松尾芭蕉《まつおばしょう》は生涯に四度も鳴海を訪れているほどだ。

海岸線が現在より内陸にあったことは、宮宿から桑名宿までのあいだに東海道で唯一の海路が通っていたことからも明らかである。旅人たちは途中、船に乗って東海道を進んだため、三河国《みかわのくに》に七つも東海道の宿場があるにもかかわらず、尾張国の宿場は宮宿と鳴海宿の二つしかない。

このように、鳴海の近くにまで海が広がっていたのは事実であり、それにちなんで名が定着した……と結論づけたいところだが、この説には異論もあるようだ。

「鳴海」という表記から、海との関わりがあるに違いないと考えるのは思い込みであり、「鳴海」の字はあくまでも当て字にすぎず、地名由来とは関係ないという専門家もいる。

「ナルミ」の「ナル」は、「ナルイ（なだらかな）」の意味で、「ミ」は「重み」「深み」など形容詞の後ろにつけて名詞化する接尾辞《せつびじ》であるという。

つまり、「ナルミ」は「なだらかな土地」という意味の地形地名がはじめにあり、あとから「鳴海」の字があてられたのではないかというのだ。

はたして海に由来する地名か、地形に由来する地名か、謎は深まるばかりである。

名古屋本線

岐阜と愛知を結ぶ路線誕生は国鉄のおかげだった

こんにちの名古屋鉄道の存在は、一九三五（昭和一〇）年に行なわれた名岐《めいぎ》鉄道と愛知電気鉄道の合併を抜きに語れない。合併に至るまでの経緯は他項に譲るが、合併が決定してから運行に移すまでには、大きな苦労があったという。

当時、名岐鉄道（西部線と改称）は押切町《おしきりちょう》、愛知電気鉄道（東部線と改称）は神宮前《じんぐうまえ》をそれぞれ名古屋市内のターミナルとしており、接続されていなかった。しかし一つの会社としてタッグを組み、国鉄と対抗する上で、東西を結ぶ線はどうしても必要である。そこで誕生した名古屋鉄道は、庄内川を渡った地点から分岐させた西部線を東海道線と並行する形で新名古屋まで延伸しつつ、南側は東部線を延伸させて接続させる計画を立てた。

先に工事が始まったのは西部線で、一九三七（昭和一二）年に着工すると、四年後に新名古屋駅を開業した。続いて東部線の延伸工事を始めたが、ここで問題が明るみになる。

東部線の計画線が、日本車輌製造をはじめとする工場敷地や鉄道省の用地を通過することが発覚し、線路用地の確保が難しいというのだ。また、一九四一（昭和一六）年一二月に太平洋戦争が開戦すると、資材不足や人手不足で工事が滞ってしまった。

用地問題は粘り強い交渉の末に合意に至り、一九四二(昭和一七)年の八月にようやく着工にこぎつけたものの、戦局が悪化。セメントなど資材の入手がままならず、始まったばかりの工事もまもなく中止に追い込まれる有様だった。

だが一九四四(昭和一九)年四月、運輸通信大臣・五島慶太《ごとうけいた》が、軍需工場の要員輸送に連絡線は不可欠であるとして、工事の促進を指示。官民一体となる突貫工事が始まった。線路に敷く砂利輸送の主力を担ったのはライバルであるはずの国鉄で、東海道本線を使って運び続けた。名鉄側は社長自らが鉄かぶとをかぶって陣頭指揮にあたり工事を進めたほか、社員総出となって炎天下の現場でトロッコを押し、資材集めに駆けずり回った。そして同年九月、念願の名古屋〜神宮前が開通し、東西の路線が結ばれたのである。

連絡線は完成したが、最後にして最大の問題が残っていた。西部線の電圧が六〇〇ボルトであるのに対し、東部線は一五〇〇ボルトと使用電圧が違っていたため、直通運転ができなかったのだ。西部線を昇圧しようにも、資材の都合がつかなかない。結局、連絡線が完成したにもかかわらず、途中の金山《かなやま》駅での折り返し運転で対応せざるを得なかった。

直通運転が始まったのは一九四八(昭和二三)年で、西部線を一五〇〇ボルトに昇圧。長い苦難のときを経て、二つの鉄道会社は名実ともに結ばれるに至ったのである。

瀬戸線

名古屋城のお堀のなかを かつて電車が走っていた⁉

名古屋のシンボルといえば、多くの人が一番に浮かべるのが、金のシャチホコでおなじみの名古屋城だろう。日本の城郭は、敵の侵入に備えて周囲に堀を巡らすものが多いが、名古屋城もまた同様で、よく見てみるとその一部が残っている（左ページ写真参照）。

じつはそのお堀のなかを、かつて電車が走っていたと聞いたら驚くかもしれない。

堀のなかを電車が走るようになったのは一九一一（明治四四）年で、瀬戸《せと》線のルーツとなった瀬戸電気鉄道の時代である。

瀬戸～堀川《ほりかわ》間を結ぶ路線に、半地下の東大手《ひがしおおて》駅を開業し、大曽根《おおぞね》から土居下《どいした》を経て堀川に至る「外壕《そとぼり》線」を開通させた。

時代は明治の末期であり、当然堀の水は抜かれていたが、土居下～堀川までの区間で名古屋城の外堀をそのまま利用するとは大胆なアイデアである。どうしてこのようなことが実現できたのか。

これには、名古屋の地形がからんでいる。名古屋の中心部は熱田《あつた》台地の上にあり、その

名古屋城堀跡。およそ１００年前、この堀のなかを電車が走っていたが、今は草が深く生い茂り、往時の姿を想像するのは難しい。

北側に広がる低地より一〇メートルほど標高が高い。北西の大曽根から南下し、堀川に延長するには、熱田台地を登る線路を敷く必要があった。

勾配のある線路の敷設は工事が大変で、その上費用もかかる。どうしたものかと考えたとき、目の前にあったのが名古屋城のお堀だった。堀の深さは瀬戸線の線路にちょうどいい高さで、具合のよいことに堀は終点となる堀川まで続いている。これを利用しない手はなかった。

苦労続きの難工事

そこで瀬戸電気鉄道はまず、敷設用地の交渉にあたった。外堀の北側には陸軍の司令部や兵舎がずらりと並んでおり、一般人が立ち入れる場所ではなかった。そのため、堀のなかに電車を走らせる許可など得られないのではと思われたのだが、どういうわけかこれは許可されている。しかし、その先が苦労の連続だった。

堀はもともと水を湛えておくために造られており、少し雨が降っただけで水がたまる。そのため、太い下水管を何本も通して水を抜く仕組みをつくらなくてはならなかった。さらに、堀の上は堤《つつみ》になっているが、万が一落石があったら、大事故になりかねない。それを防ぐために堤の傾斜を変える工事も必要だった。

そして何より、名古屋城は堀も含めて文化財に指定されており、いたずらに傷をつけることはできないという制約があった。工事は細心の注意を払って行なわれた。

カーブが多く想定した以上に難工事の連続だったが、完成した外壕線は、お堀をそのまま利用する珍しさから全国でも人気を博し、「お濠《ほり》電車」として親しまれた。

窓の外は城の石垣で、周囲には遊園地などの娯楽施設があるほか、春の桜に夏のホタルと、乗客は季節の風物詩を楽んだという。

しかし、一九七八（昭和五三）年には、栄町から東大手までの新路線が開通し、旧路線は惜しまれつつ廃線となった。

現在のお堀は緑に覆われ、当時の面影は失われている。

名鉄グループ

近い将来、名古屋駅前ビルに高速道路が直結する!?

きたる二〇二七年、日本が総力をあげてとり組んでいるリニア中央新幹線が開業予定だ。開通後は、品川駅~名古屋駅間をわずか四〇分で結ぶといい、現在名古屋駅周辺では、開通に合わせての再整備事業が進んでいる。

事業計画は壮大だ。名鉄百貨店本館と近畿日本鉄道の専門店館パッセ、名鉄グランドホテル、三井不動産のビルの計四つのビルと、これらと笹島交差点をはさんで向かい合う名鉄レジャックビルをつなぎ、一つの巨大な複合ビルにするという（三二ページ図参照）。完成予定のビルの総敷地面積は約二万六〇〇〇平方メートルと東京ドームのおよそ半分で、地上五〇階建て。総工費は約二〇〇〇億円を見込んでいる。

これだけでも大規模プロジェクトであることがわかるが、さらに全国初の試みがなされるかもしれない。その試みとは、建設予定の巨大複合ビルに名古屋高速道路を直結させようという計画で、二〇一五（平成二七）年四月現在、名古屋市がこの構想に関して、名鉄側へ打診している状況だ。

直結で提示される二つのルート

現在の名古屋駅近くの名古屋高速道路入り口は、錦橋《にしきばし》（名駅《めいえき》）と黄金《こがね》があるが、いずれも名古屋駅から六〇〇～一五〇〇メートルほども離れている。さらに同区間は交通量が多く、マイカーで名古屋駅から高速に乗ろうとすると、高速入り口に辿り着くまでに時間がかかり過ぎるのが難点だ。その改善策として打ち出されたのが、前述の駅前のビルと高速道路の直結計画である。

計画には二つの案が出されており、一つは名古屋駅の南東にある高速道路新洲崎《しんすざき》ジャンクションから高架で約九〇〇メートル名古屋駅側へ延伸する案。延伸した高速道路は、名鉄バスセンターの誘導斜路を通って、巨大複合ビルの低層階へ乗り入れる計画だ。

もう一つが、錦橋から高架で名古屋駅方面に約四〇〇メートル延伸するもので、こちらも延伸した道路がビルに乗り入れる計画だ。

ただし、いずれの計画ともにネックとなっている問題がある。新洲崎ジャンクション付近の地中には下水管が埋め込まれ、錦橋付近の地下は市営地下鉄東山《ひがしやま》線が通っており、高架橋の重量に耐えられないのではないかといわれているのだ。技術的な問題がないかどうか、これから検証しなければならないという。

名古屋駅前再開発計画図（ルートは推定）

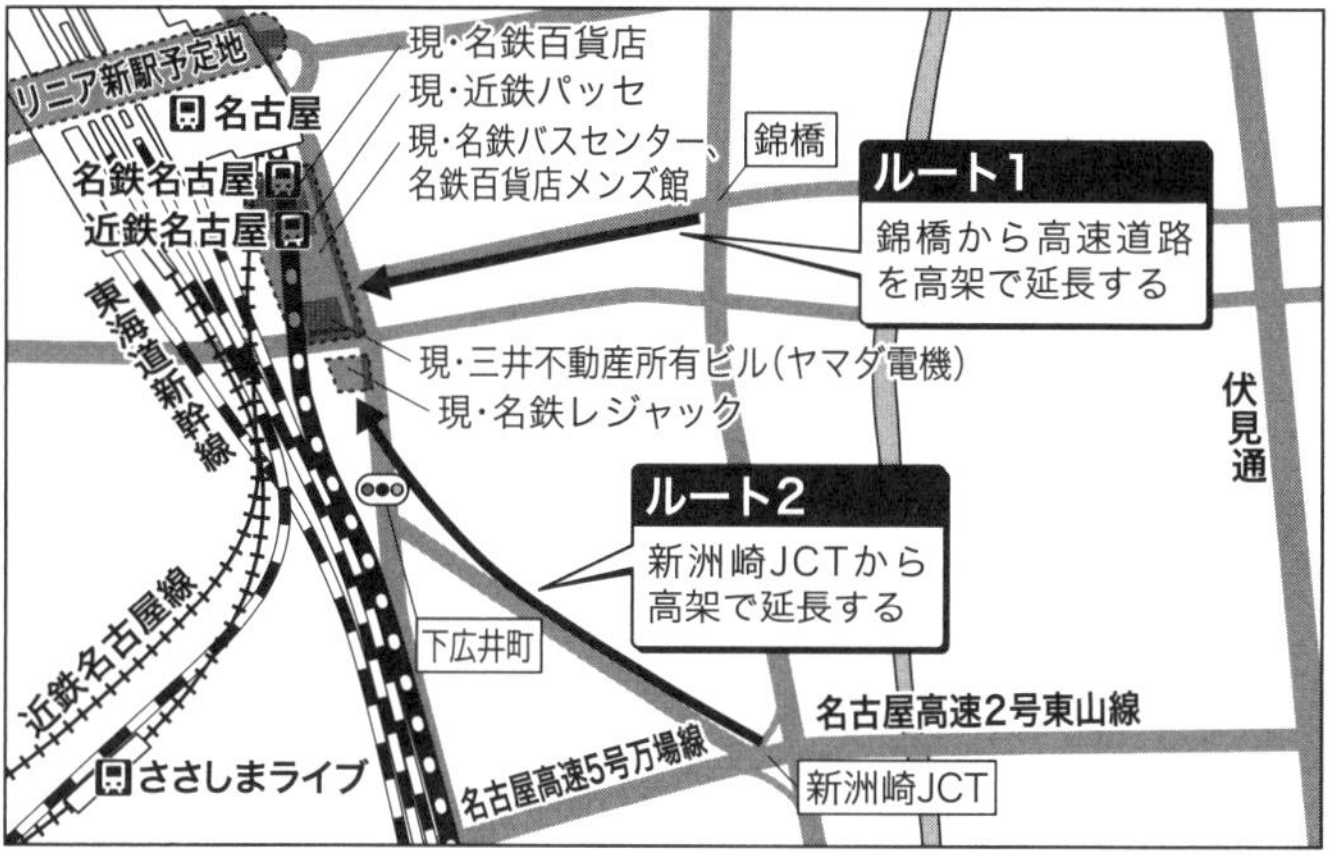

現在、名古屋中心部から車で高速道路に入るのに、駅から１０分程度時間がかかる。駅ビルとの直結化により、その時間の短縮が見込まれている。

また、高架で延伸する場合、その莫大な建設費も課題となる。地上延伸に比べて高架延伸は高額で、一〇〇メートル延伸するだけで二〇億円かかるともいわれている。その金額の内訳をどう分担するのか調整する必要がある。

だが、名古屋駅から高速道路入り口にたどり着くまで一〇分以上かかるという従来の問題が解消された場合、名古屋駅から六〇分圏内の人口が五五万人増えるとの試算がある。そのため行政側としては、アクセス強化策を推し進めたいとの意向があるようだ。

今後、名古屋駅周辺がどのように発展していくのか、その動向がおおいに気になるところである。

恵心庵に祀られるお地蔵様とキリスト教の深い関係とは？

扶桑
ふそう
FUSŌ

犬山《いぬやま》市扶桑《ふそう》町にある恵心庵《えしんあん》には、六七坪ほどの境内に小さなお堂（草庵）が立つ。堂内に祀られるのは、高さ二尺七寸（約八二センチメートル）の舟形《ふながた》地蔵尊。正式には地蔵菩《ぼ》薩《さつ》といい、如来になる手前の仏の姿をあらわす像だ。菩薩というからには仏教に基づいた像であることは確かだが、恵心庵の地蔵尊は、キリスト教と深いかかわりがある。

戦国時代の濃尾《のうび》地方は、豊臣政権下の岐阜城主・織田秀信《おだひでのぶ》（信長の孫）がキリスト教の洗礼を受けており、キリスト教への理解があった。尾張でも領主であった織田信雄《のぶかつ》や清洲《きよす》城主松平忠吉《まつだいらただよし》などがキリスト教に理解、庇護を示し、信仰が広まった地域でもある。

尾張藩のキリシタン弾圧が始まったのは、江戸幕府の禁教令公布より十数年もあとの話で、一六二九（寛永《かんえい》六）年。高木村（現在の扶桑町高木）での摘発とされる。

その二年後には五七名が摘発され、一六三五（寛永一二）年には幕府から尾張藩へキリシタンを捕縛せよとの命が届き、藩内のキリシタン弾圧も厳しくなっていく。そしてついに、この地方で最大の弾圧と呼ばれた「濃尾崩れ（寛文《かんぶん》の大殉教）」が勃発するのである。

一六六一（寛文元）年三月、美濃国可児《かに》郡の塩村と帷子《かたびら》村を領地としていた旗本・林権左衛門《はやしごんざえもん》が、「村のキリシタンをとり締まってほしい」と尾張藩に使者を派遣した。すると藩主の徳川光友《みつとも》はただちに捕手を差し向け、両村から計二四人が捕縛された。

これを契機に、尾張藩では切支丹《きりしたん》奉行を設置。本格的な弾圧に乗り出すと、七年間に検挙された信者は七〇〇名にのぼり、その半数近くが処刑されたと伝わる。扶桑町周辺でも二〇〇人以上ものキリシタンが処刑された。処刑地には寺が選ばれ、境内に「切り込み地」という大きな穴を掘り、首を出させて一人ひとり首を斬り落としていったという。

凄まじい弾圧の嵐が吹き荒れ、多くのキリシタンが犠牲となった。

その悲惨さを目にした村人たちは、彼らの霊を弔《とむら》う方法を考えた。こうしてつくられたのが、一六九九（元禄《げんろく》一二）年に建立された舟形地蔵尊だったのである。やがて草庵に恵心という尼僧が住んだことから、庵は「恵心庵」と呼ばれるようになった。

その後、西国三十三箇所の観音石仏が祀られるようになると、観音信仰を持つ人々から深く信仰されたのである。

扶桑町で起こったキリスト教徒への迫害という歴史は、今なお消えることはない。戦後、恵心庵付近の畑から、ひざまづいて首を斬り落とされたような姿勢の白骨遺体が発掘されており、周辺にはこのような遺体がいくつも眠っていると考えられる。

名古屋市のマンションの前に時代劇がかった門があるのはなぜ？

清水
しみず
SHIMIZU

名鉄瀬戸線清水《しみず》駅周辺には、白壁《しらかべ》地区と呼ばれる一帯がある。白壁地区とは、名古屋城から南東へ一・五キロメートルほどに位置する白壁、主税町《ちからまち》、橦木町《しゅもくちょう》などのまちの総称だ。この名は、江戸時代、武士の某氏が白い壁の高い塀を巡らせたことに由来するという。

現在の白壁地区というと、少し前に「シロカベーゼ」と呼ばれたセレブな人々が住む町というイメージがあるが、かつてこの辺り一帯は、尾張徳川家に仕えた中級の武士の武家屋敷が建ち並んでいた。いわば中流支配階級の居住区だった。

名古屋城は平城《ひらじろ》であったため、防御の面から武家屋敷の配置が厳しく定められており、城の南側には上級武士を配し、そこから東や南へ行くに従って、下級武士の家が配置されていた。

そのちょうど真ん中のあたりにあったのが白壁地区であり、具体的には、三〇〇石ぐらいの組頭階級の武士が住んでいたという。

豊田利三郎家門・塀。豊田佐吉の娘婿である利三郎の邸宅跡。門は薬医門の形式がとられ、塀には武者窓がとりつけられている（名古屋市提供）。

ただし、当時は中級武士といえど屋敷面積は、六〇〇～七〇〇坪もある立派なもの。堂々たる家並みであっただろう。そのため明治になって身分制度が廃止されると、白壁地区は、名古屋を拠点とする財界人が集うまちとなった。

たとえばトヨタ自動車の創始者である豊《とよ》田《だ》佐吉《さきち》、その娘婿である豊田利三郎《りさぶろう》、佐吉の弟である豊田佐助《さすけ》など、豊田一族の邸宅があった。

また、ソニーの創始者・盛田昭夫の実家である盛田酒造や、世界的陶磁器メーカー・ノリタケの創始者森村市左衛門が住んだ。さらに日本初の女優川上貞奴《さだやっこ》と電力王といわれた福沢桃介が一緒に住む家もあった。この貞奴と桃介の家である二葉御殿は、今では移転・復元されて旧川上貞奴邸（文化のみち二葉館）となっているほか、豊田佐吉邸も保存されている。

昔と今が重なる光景

そんな白壁地区の一角で、面白い光景が見られる。武家屋敷風の門と塀があるのだが、その門をくぐった先には、なぜか高層マンションがそびえるのだ。

時代劇に出てくるような純和風の門に現代風のマンション。違和感のある組み合わせになったのには理由があった。

じつはこの門は、江戸時代に建てられたものではなく、一九一八（大正七）年頃、前述の豊田利三郎が築造した。

もともとは門だけでなく屋敷もあったのだが、主屋は一九八一（昭和五六）年に現在のマンションに建て替えられてしまったため、このような光景となったのである。

いっそ門と塀も新しくしたほうがよいのではと思うかもしれないが、どちらも重要建造物指定となっているため、できないという。

移設も現在のところ考えられていないようで、今後もギャップのある光景でわれわれの目を楽しませてくれそうだ。

現存最古とされる犬山城天守閣は本当に移築だった!?

犬山
いぬやま
INUYAMA

名鉄広見《ひろみ》線は、愛知県犬山市から名古屋市のベッドタウンである岐阜県可児《かに》市を経由し、同県可児郡御嵩《みたけ》町までを結ぶ全長二二・三キロメートルの路線である。その起点である犬山駅に降りたらぜひ見ておきたいのが、日本最古の木造天守閣を抱く国宝・犬山城だ。

観光地犬山のシンボルともいわれる犬山城は、駅から徒歩一五分の木曽川に面した地に建つ。江戸時代の国学者荻生徂徠《おぎゅうそらい》は、唐破風《からはふ》に白亜の三層四階の天守閣が雨にけぶる美しさを賞賛し、中国の李白《りはく》の詠んだ詩になぞらえて「白帝城《はくていじょう》」と名づけている。

歴史を振り返れば一四六九（文明《ぶんめい》元）年、尾張北端の前線基地として、現在の犬山城より南に行ったあたりに、斯波《しば》氏が築いた木之下《きのした》城がはじまりとされる。木之下城の守護にあたったのは織田広近《おだひろちか》で、六代後の子孫・信康《のぶやす》（信長の叔父）が、一五三七（天文《てんぶん》六）年に木之下城を廃し、木曽川を臨む断崖の上に城を築いた。これが現在に続く犬山城である。

現存最古の天守閣が造られたのはこのときと目されるが、この天守閣には一つのミステリーがある。美濃に建っていた兼山《かねやま》城の天守閣を移築したものではないかというのだ。

食い違いを見せる文献と考古学資料

江戸時代に成立した『正事記《しょうじき》』や『尾州丹羽郡犬山城主附』には、関ヶ原の戦い後に犬山城主となった石川光吉《いしかわみつよし》、またはその次の城主小笠原吉次《おがさわらよしつぐ》が、斎藤氏が美濃に築いた兼山城（金山城）の建物を解体。その木材を木曽川に浮かべたいかだで一気に流し、犬山城の天守閣に利用したという記述が見られる。

文献によって、「下層部を移築して江戸初期に上部を増築した」、「従来二重だった犬山城の上に兼山城を移築し三層四階の城にした」など、移築の経緯と場所に違いは見られるが、移築という点で一致している。

だが昭和に入り、この説を覆す発見があった。解体修理に先立ち一九六一（昭和三六）年から開始された調査の結果、移築した痕跡が見つからなかったのである。

『国宝犬山城と城下町』（犬山城史研究会）の著者・横山住雄は、移築ではない根拠として、次の五つのポイントをあげている。

・移築ならば二種類はあるはずの柱などの番付が一種類しかなかった

・一六世紀当初のものと見られる垂木《たるき》や桁《けた》から、移築であれば残るはずの、移築前の釘穴がない

犬山城天守。望楼型三重四階の構造で、1～2階には武具などが納められていた。4階の回廊は成瀬氏による増築といわれている（愛知県観光協会）。

・同じ寸法の木材は、造り替える際に間違えて組みがちだが、番付通りにきちんと納まっている
・移築でよく見られる部材のとり換えがない
・組手《くみて》や柄に解体した形跡がない

　これらの理由から、犬山城天守閣は現在の場所にはじめから建てられていたと結論づけた。

　とはいえ、江戸時代の文献に移築したと明記されているのは事実であり、兼山城と形が酷似しているのも事実だという。本当に移築はなかったのか、謎が残る。

　もちろん、移築の有無に限らず、犬山城天守閣が現存日本最古であるという事実は変わらない。木材などの状態から、下層部

は室町時代の一六世紀前半に建築され、上層部が江戸時代初期の一七世紀に増築されたのは確かだと考えられているからだ。

移築はあったのか、なかったのか。結論を出すには、さらなる史料の発見が待たれる。

第二章

途中下車してみたら……ユニーク駅を発見

名鉄名古屋駅のホームがターミナル駅なのに小さい理由

名鉄名古屋
めいてつなごや
MEITETSU NAGOYA

ターミナル駅は、その鉄道会社の顔といえる存在であり、ほかの駅に比べて、駅舎は大きく、ホームも多いのが一般的だ。たとえばＪＲ東日本、京王《けいおう》電鉄、小田急《おだきゅう》電鉄、東京メトロ、東京都交通局が乗り入れる新宿駅は八面一六線。ＪＲ西日本、大阪市営地下鉄、阪神電気鉄道、阪急《はんきゅう》電鉄が乗り入れる大阪駅（梅田駅）は六面一一線だ。

名古屋鉄道を代表するターミナル駅といえば一番の乗降客数を誇る名鉄《めいてつ》名古屋駅だが、この駅に降り立った人は、あまりの小ささに目を疑うだろう。

名鉄名古屋駅は三面二線、つまりホームが三つに線路が二本しかない（四五ページ上図参照）。しかもホームがあるのは名鉄百貨店の地下二階と、利用者数から見て駅の規模としては破格の小ささである。全国の私鉄で三番目の規模を持つ名古屋鉄道の〝顔〟が、こんなにも小さいのはどうしてだろうか。

そこには歴史的・地理的な要因から、駅を拡充したくてもできない事情がある。

名古屋本線の前身は、おもに愛知電気鉄道と名岐《めいぎ》鉄道の二つの鉄道会社である。愛知電気鉄道は名古屋の南から豊橋方面へと走る路線で、名岐鉄道は名古屋の北から岐阜方面へと走る路線だった。二つの路線は、もともとつながってはいなかったが、一九三五（昭和一〇）年に行なわれた合併を機に、接続されることになる。豊橋側と岐阜側からそれぞれに名古屋駅に向かって延伸し、現在の名鉄名古屋駅で直通させたのである。

しかし、名鉄名古屋駅のまわりは名鉄だけでなく、JR東海道線、名古屋市営地下鉄、名古屋臨海高速鉄道、近鉄など多くの路線が密集する場所である。用地の問題から名古屋鉄道独自の駅スペースを確保するのは難しく、改札もホームも地下で、二面三線の構造という小さな駅になってしまったのである（一九五四年に三面二線に変更）。

なお、当時の駅名は新名古屋駅といい、名鉄名古屋駅の名称に変わったのは二〇〇五（平成一七）年である。この改称は、「新名古屋」ではどの鉄道会社の駅なのかわかりづらいという指摘から、中部国際空港の開業を機に行なわれている。

名鉄名古屋駅流の乗客誘導法

このように小さな駅でありながら、名鉄名古屋駅の乗客数は、一日当たり二七万人（二〇一三年名古屋鉄道HP）と新宿駅の三分の一強にもなる。スペースに対して人の数が多いため、朝夕ラッシュ時の混雑具合は、東京の山手線に匹敵するほどである。

しかも、名鉄名古屋駅では、名古屋本線だけでなく、犬山《いぬやま》線、広見《ひろみ》線、各務原《かかみがはら》線、津島《つしま》線、尾西《びさい》線、常滑《とこなめ》線、中部国際空港線、河和《こうわ》線、知多《ちた》新線などの各線に乗り入れる直通列車が次々と発着する。つまり、行き先がバラバラな電車が、三面二線という小さな駅に入ってきては、出ていくというわけだ。

せまいのに電車が多いという厳しい条件ながら、名鉄名古屋駅はラッシュ時に、わずか二分程度の間隔でのダイヤを実現している。いったいどのように人と電車をさばいているのか。

まず、三面のホームのうち、中央のホームを降車線用にしている（ただし、特別車の場合のみ例外的に中央のホームから乗車できる）。そうすることで、名鉄名古屋駅に停まった列車では、乗る人は列車の外側のホームから、降りる人は列車の内側のホームからとスムーズに乗り降りできる。

また、津島など西へ向かう列車は一番線、豊橋などの東へ向かう列車は四番線と、行く方向によってホームを区別する。さらに同じ乗車専用ホームでも、列車を行き先別に少しずつ位置をずらして停車させ、乗客も行き先別に並ぶ位置をずらしている。

ホーム上の駅員の数も駅の規模としては異例なほど多く配備。それぞれが次に来る列車のアナウンスを頻繁に行なうなどして、利用者のフォローにあたっているのである。

名鉄名古屋駅ホームの構造

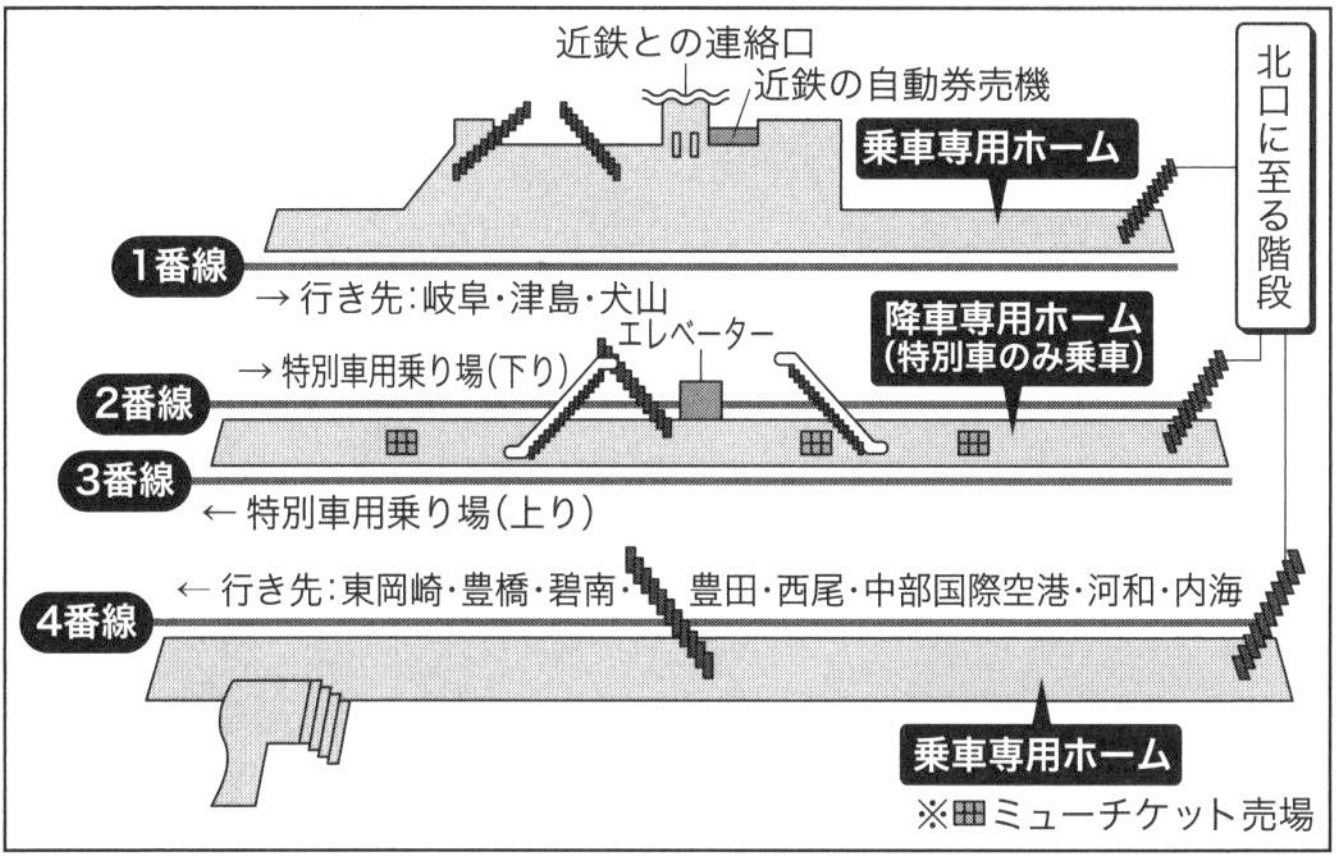

名鉄名古屋駅は、愛知県内でもトップクラスの乗降客数を誇る駅だが、3面2線という小さなホームですべての電車と乗客をさばいている。

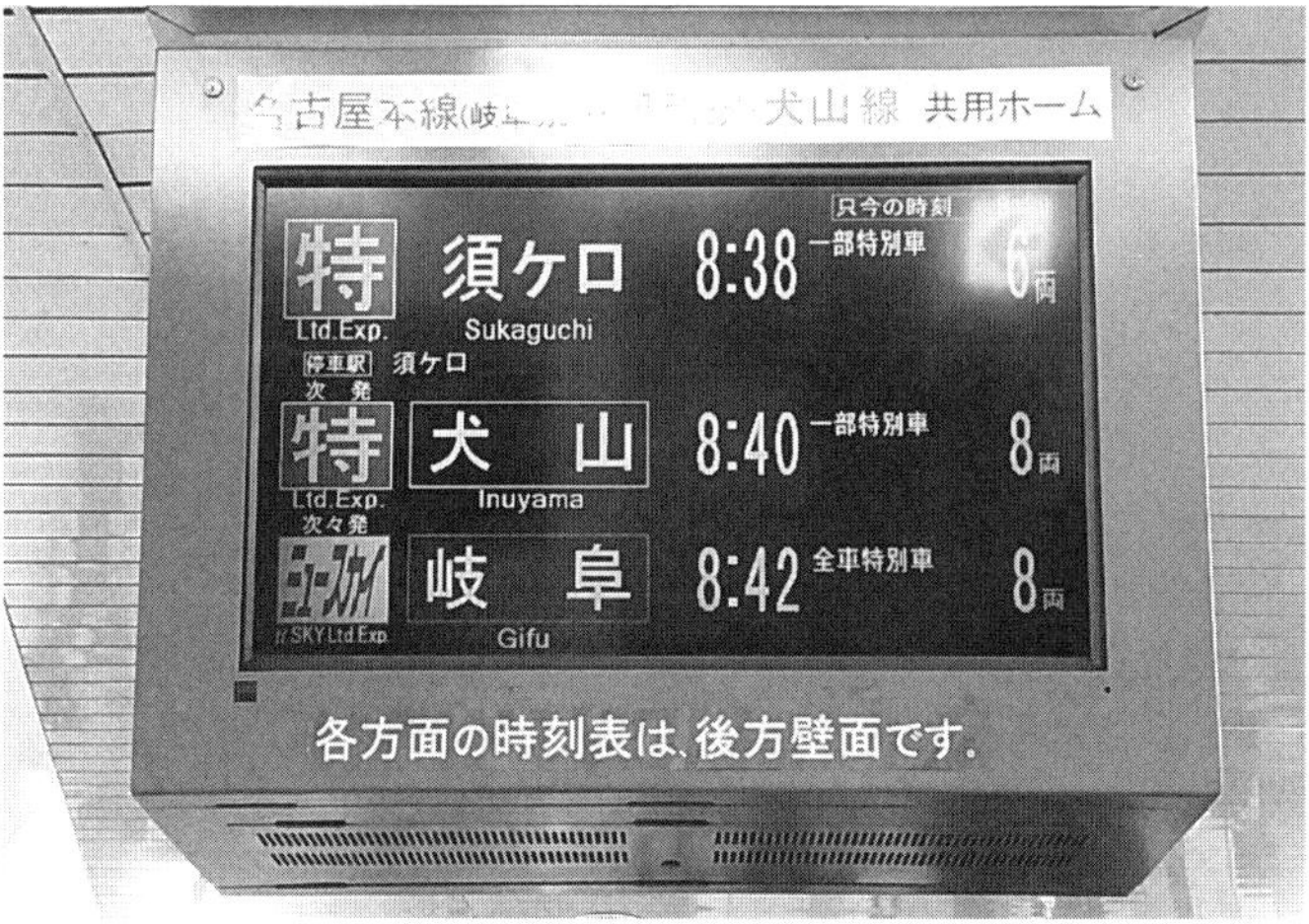

名鉄名古屋駅ホーム上の発着表示板。上から順番に須ヶ口行きの津島線直通列車、犬山行きの犬山線、岐阜行きの名古屋本線がやって来る。

名鉄岐阜駅に二つの駅舎が存在しているワケ

名鉄岐阜
めいてつぎふ
MEITETSU GIFU

名鉄岐阜駅はＪＲの岐阜駅と並び、岐阜県の玄関口とされる駅である。名鉄路線の名古屋本線と各務原線の二線が発着するのだが、駅の配線図を見ると、思わず首をかしげてしまうかもしれない。北向きに入る一～四番線（名古屋本線）の線路に対し、五～六番線（各務原線）の線路は西向きに入っている。両者は直角に近い位置関係にあり、やたらと離れている（左ページ上図参照）。

実際に駅におもむくと、さらに不可解な光景を目にするだろう。名古屋本線の駅は高架にあり、各務原線の駅は地上にある。駅舎や改札口も別で、両駅を結ぶ通路はあるものの、それぞれが完全に独立しており、互いのホームを見ることさえできないのだ。

同じ鉄道会社の路線でありながら、まるで同一構内に二つの駅が存在しているような不思議な形になっているのはなぜなのか。

これは、現在の名鉄岐阜駅が、美濃《みの》電気軌道の新岐阜駅と、各務原鉄道の長住町《ながずみちょう》駅という二つの鉄道会社の駅をルーツに持つためである。

名鉄岐阜駅の配線図

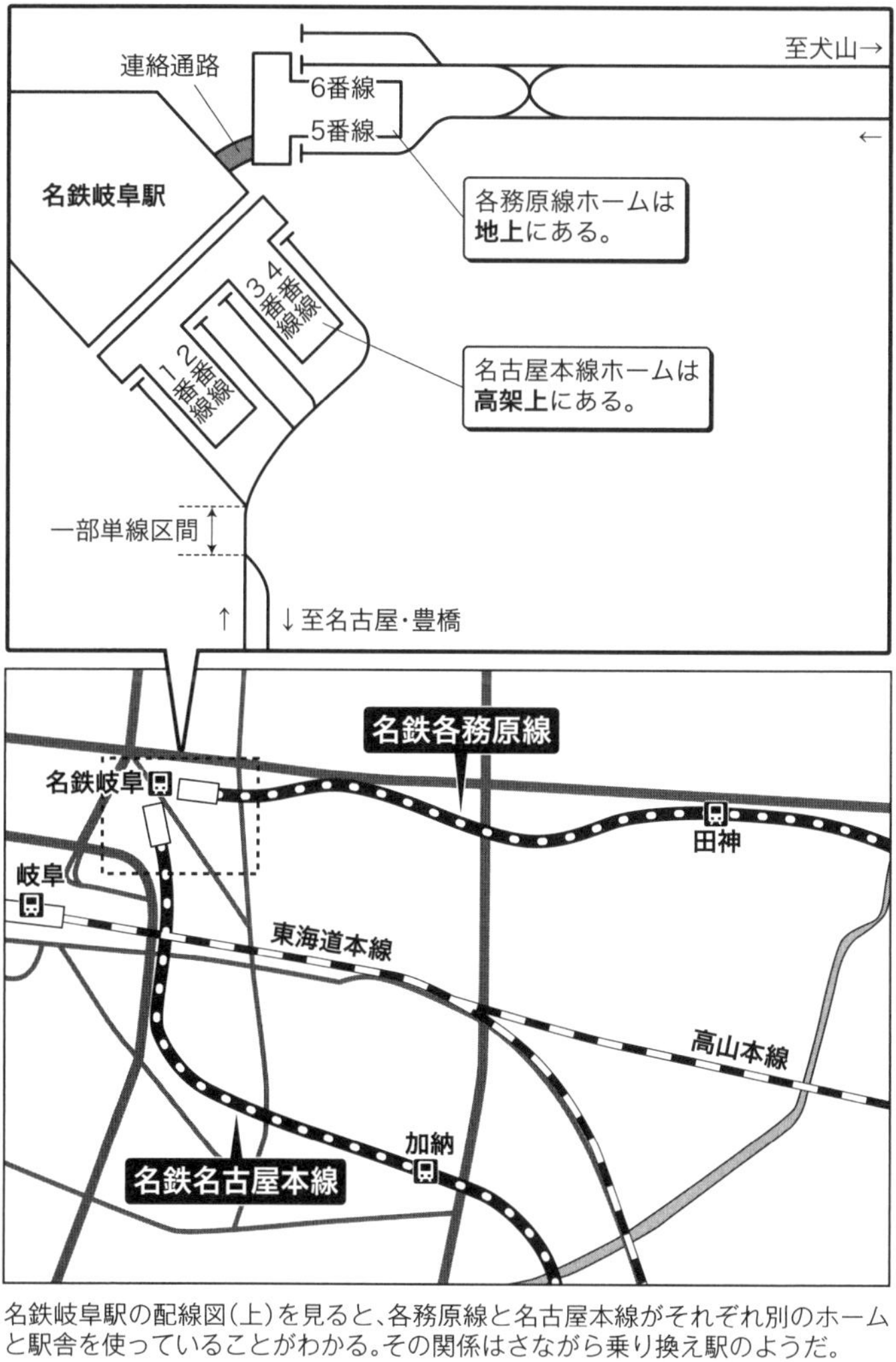

名鉄岐阜駅の配線図(上)を見ると、各務原線と名古屋本線がそれぞれ別のホームと駅舎を使っていることがわかる。その関係はさながら乗り換え駅のようだ。

新岐阜駅は、一九一四（大正三）年一二月に美濃電気軌道笠松線の駅として、現在のJR岐阜駅の東隣に開業した。一方の長住町駅ができたのは、新岐阜駅開業から一四年後の一九二八（昭和三）年。各務原鉄道が各務原線を開通し、その発着駅として同駅を開業している。

美濃電気軌道は一九三〇（昭和五）年に名古屋鉄道（初代）に合併し、名古屋鉄道は名岐鉄道へと改称。名古屋～岐阜間の整備を進め、一九三五（昭和一〇）年に名古屋のターミナルだった押切町《おしきりちょう》～新岐阜間を全通させ、運転を開始した。同年、名岐鉄道は各務原鉄道および愛知電気鉄道と合併し、新生名古屋鉄道を発足させると、新岐阜駅の見直しが行なわれた。当時の新岐阜駅は駅の手前に半径二〇〇メートルの急カーブがあり、ホーム自体も四五メートルと短く、使い勝手が悪かったからだ。

新岐阜駅の改善が行なわれたのは東西線が結ばれ、名古屋本線の直通運転が始まった一九四八（昭和二三）年。ホームの延伸と各務原線との連絡のため、新岐阜駅が長住町駅付近へ移転し、同時に長住町駅との統合が行なわれたのである。

このとき、旧長住町駅に新岐阜駅を統合する形をとったため、各務原線は地上駅なのに、名古屋本線は高架駅という特殊な形になったのである。なお、新岐阜駅の名は、名鉄の駅と認識しづらいとして、二〇〇五（平成一七）年に名鉄岐阜駅へと改称している。

なぜ金山駅のホームはＪＲにサンドイッチされている？

金山
かなやま
KANAYAMA

名古屋市熱田《あつた》区と中区にかかる金山《かなやま》地区は、現在名古屋市の副都心として急速な発展を遂げている。

その中心となっているのが、名鉄金山駅とＪＲ金山駅、地下鉄金山駅が一体化した名古屋初の総合駅である。

今では名古屋駅に次ぐ名古屋を代表するターミナル駅となっている金山駅だが、その基礎を作ったのは国鉄ではなく名鉄だった。

一九三五（昭和一〇）年、名岐鉄道と愛知電気鉄道が合併し名古屋鉄道を設立した同社は、西部線（旧名岐路線）と東部線（旧愛電路線）を結ぶ東西連絡線の敷設を開始し、一九四四（昭和一九）年に開通させた。

しかし二四ページで前述したように第二次世界大戦による物資不足から、当時六〇〇ボルトの西部線の電圧を東部線と同じ一五〇〇ボルトに引き上げるための工事が進められずにいた。そこで、現在の金山駅より東寄りに、電圧の差を調整する分界駅として、初代金山駅を開業したのである（翌年金山橋駅と改称）。

分界駅として始まった金山駅が、現在のような総合駅へと生まれ変わるきっかけとなったのは、戦後早くに名古屋市が金山地区を市の副都心として発展させる計画をたてたことである。

一九六二（昭和三七）年には、現在とほぼ同じ位置に国鉄中央本線の金山駅が開業し、続く一九六七（昭和四二）年には地下鉄名城《めいじょう》線金山駅が開業した。さらに一九八九（平成元）年には名鉄金山橋駅が移設され、ＪＲ東海道線の駅が造られることになった。こうしてＪＲ・名鉄・地下鉄が一体となった、総合駅が完成したのである。

JRにはさまれた名鉄ホーム

以上の経緯もあってか、じつは金山駅のホームは複雑な構造となっている。なんとＪＲ東海道線とＪＲ中央本線に挟まれる形で名鉄のホームが存在しているのだ（左ページ図参照）。そのためＪＲの乗客が同駅で乗り換えようとした場合、名鉄名古屋本線のホームをまたぐように移動しなくてはならない。

このような造りになったのは、名鉄が東西連絡線の新名古屋（現在の名鉄名古屋）〜神《じん》宮前《ぐうまえ》を敷設する際、東海道線に沿って路線をとったためだ。戦時中のため、軍需輸送の必

金山駅のホームの構造

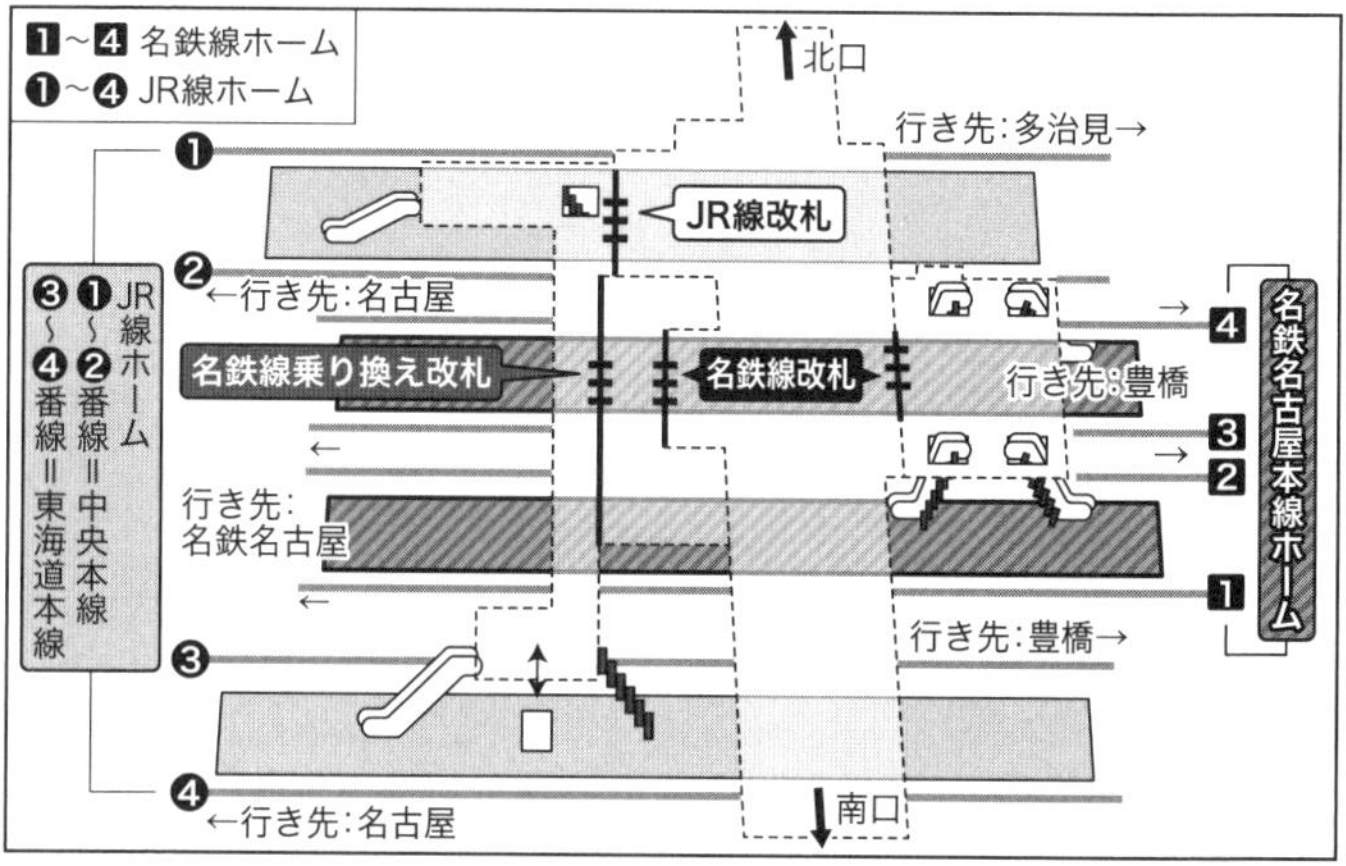

金山駅のホームは、中央本線と東海道本線という二つのJR線ホームにはさまれるようにして、名鉄名古屋本線のホームが造られている。ただし、当然ながら改札は別だ。

要から国鉄、私鉄の利害も関係なくこの地域の路線の敷設が急がれたことはすでに述べた。このとき、名鉄路線の建設にあたって東海道線を使って砂利を運ぶ都合上、東海道線に横づけする形で線路が敷かれたのである。

さらに、当初金山駅は中央本線と名鉄線のみの駅として計画されていたという。のちに行政が東海道線の駅設置を求めたため、今度は東海道線が名鉄に横付けする形で線路を延ばし、外側にホームを設けることになった。

こうして、現在見られるような私鉄がJR路線に挟まれるという不思議な総合駅が誕生したのである。

西枇杷島駅のホーム上で乗客がめったに見られないのはなぜ?

西枇杷島
にしびわじま
NISHI BIWAJIMA

名古屋本線の西枇杷島《にしびわじま》駅は、枇杷島分岐点が駅の機能を終えた際に復活した駅である。そのはじまりは一九一四(大正三)年で、現在の位置より須ヶ口《すかぐち》寄りの場所に開業した。戦中の一九四四(昭和一九)年に一時営業が休止になったが、枇杷島橋駅の降格にともない、一九四九(昭和二四)年に現在地に移設し、営業を再開した。

現在の西枇杷島駅は、分岐点を通過する列車運行の管理をするなど、名古屋本線の要《かなめ》のような駅となっている。

立地でいえば名鉄名古屋駅から岐阜寄りに三つ目と名古屋の中心部に位置しており、さぞかし人でにぎわっているだろうと思うかもしれない、だが、この駅ではほぼ一日中、ホームで電車を待つ人を見ることがない。

特急のような通過してしまう電車もあるが、約三〇分に一度は普通列車が停車し、乗り降りする客はたしかにいる。にもかかわらず、ホームに人がいないとはどういうことか。

この理由は、ホームの形にある。

西枇杷島駅のホームは島式二面四線で、ホームの高さは九一センチメートルと通常より少し低い。幅は三メートルほどととても狭い上、屋根もなく、常に吹きさらしの状態である。ホームの長さはというと、名鉄で一般的な車両四両分ほどしかなく、六両編成の場合はドアカット（一部のドアを開けず、決められた車両でのみ乗降すること）されるほどだ。もちろん、ホーム上にベンチもない。

西枇杷島駅ホーム。6段の階段を上ってすぐのホームは、高さが低く幅も狭い。安全確保が難しいのも頷ける。

この狭いホームに立って電車を待っていると、左右を特急や急行が通過する際、列車風にあおられて吹き飛ぶ危険があり、安全が保てない。

そのため駅では構内踏切の遮断機が下ろされ、ホームに人が立ち入れないようにしている。利用者は電車が到着する直前まで待合室で待機し、列車が到着する直前に係員の誘導に従ってホームに向かう仕組みだ。

そうしたことから、西枇杷島駅のホーム上に乗客がいるのは、列車が到着する直前のみという珍しい光景が見られるのである。

かつてＪＲ鵜沼駅と新鵜沼駅は一つの駅だった！

新鵜沼
しんうぬま
SHIN UNUMA

各務原線新鵜沼《しんうぬま》駅とＪＲ高山《たかやま》線鵜沼駅が、ごく最近まで一つの駅を共有していたことをご存じだろうか。

ターミナル駅など、多くの鉄道会社が乗り入れている駅は多々あるが、同じ駅とはいえ、それぞれが独立したスペースを保ち、区分けがなされているのが普通である。

ところがかつての新鵜沼駅と鵜沼駅は、一つの駅舎に二つの鉄道会社が同居するスタイルだった。

駅にある二つの改札口のうち、ＪＲの改札口が北口、名鉄の改札とされた西口改札が「ＪＲ鵜沼駅西口」と呼ばれることもあった。

しかし同じ駅舎を共用しているといえど、当時のＪＲと名鉄のホーム同士は長い跨線橋でつながれている状態だった（左図参照）。そのため、ベビーカーや高齢者、足の不自由な人にとっては、不便極まりないと不満の声が上がっていた。

そこで、使い勝手のよい駅にするべく、二〇〇二（平成一四）年から改良工事が開始さ

新鵜沼駅の移転前後の違い

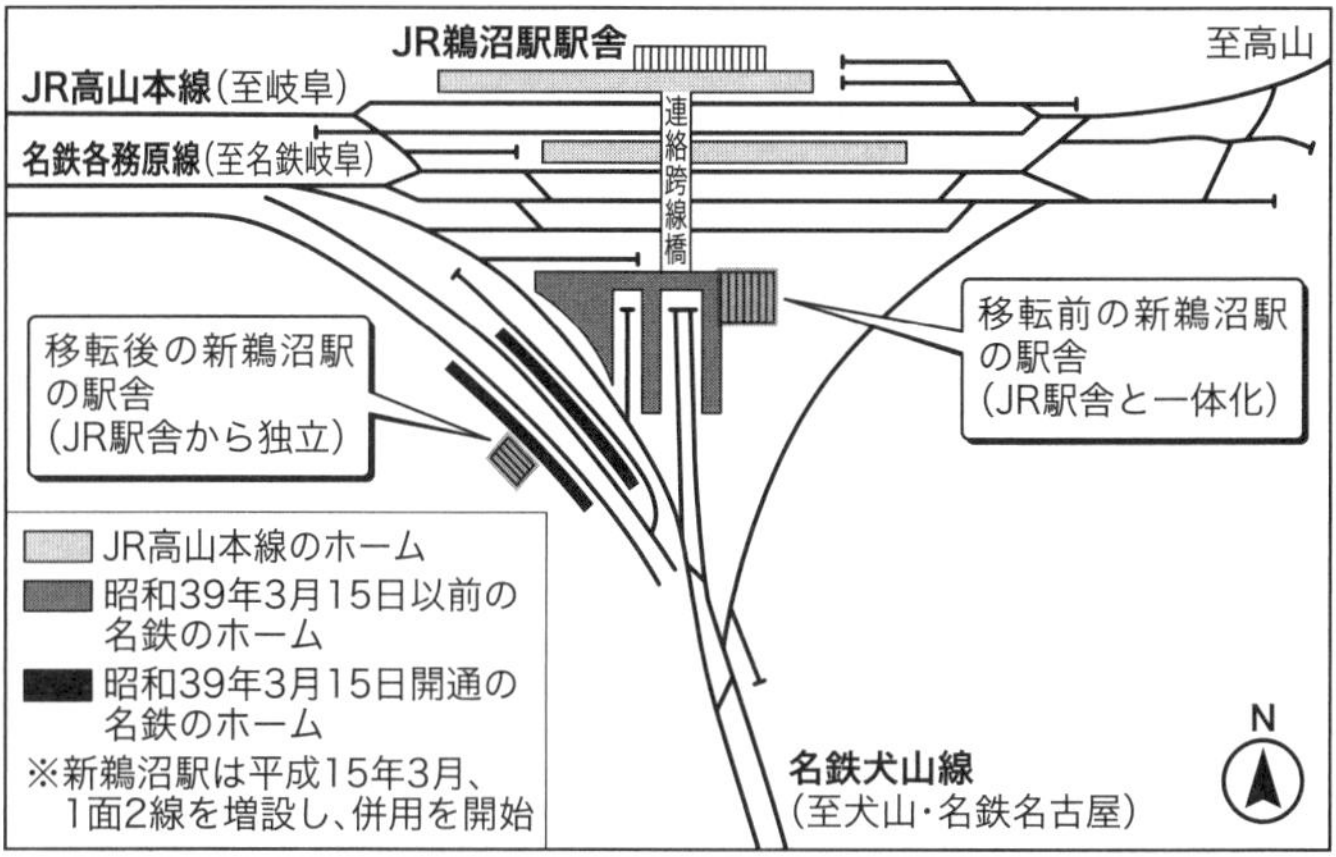

ごく最近まで、新鵜沼駅とJR鵜沼駅は駅舎を共用していたため、一つの駅のような形態だった。現在は増線と駅舎の移転により、JRと分離している。

れ、新しいホームがつくられることになった。さらに二〇〇九（平成二一）年には、橋上の自由通路が設置され、JR鵜沼駅との改札口を完全にわけ、ようやく名鉄専用の改札口が設置されたのである。

ところで、名鉄の新鵜沼駅には、もう一つ不思議な特徴がある。同駅は犬山線の終点であると同時に各務原線の始発駅に当たる。だが現在の名鉄犬山線と各務原線は直通運転を行なっており、路線図上は中間駅のようだ。

このような形になったのは、一九六四（昭和三九）年各務原線が電圧を犬山線と同じ一五〇〇ボルトに昇圧したことにより直通運転が開始されたためだ。以後、中間駅のような扱いになったのである。

なぜ矢作橋駅には、電気機関車が留置されているのか？

矢作橋
やはぎばし
YAHAGIBASHI

名古屋本線に乗車し、矢作橋《やはぎばし》駅で停車中にふと窓の外を見ると、ちょっと珍しい車両を目にすることがある。現代ではめったにお目にかかることができない箱型電気機関車だ。

この列車は「デキ四〇〇形」と呼ばれる名鉄唯一の機関車で、一九三〇（昭和五）年に日本車輌製造で製造されたものである。

製造から八〇年以上もの年月が経過した車両だが、車体の両端の小さなデッキが特徴で、流線形とは違って丸みを帯びない形は比較的現代的な外観といえる。そのため鉄道ファンだけでなく、模型ファンのあいだでも人気が高い。

では、その珍しい電車がなぜ矢作橋駅構内にあるのか。動く気配はないし、そもそも現在、電気機関車が引っ張る貨物列車は運用されていない。ということは、駅に飾られているオブジェなのだろうか。

じつは矢作橋駅に停車するデキ四〇〇形電気機関車は、れっきとした現役である。ただしその仕事ぶりが見られるのは、終電が終わってから翌朝の始発が出るまでの深夜帯に限

デキ４００形。名鉄車両のイメージカラーである赤ではなく、色鮮やかな青が特徴的で、その角ばったフォルムが人気である（名古屋鉄道提供）。

られる。つまり、夜間勤務の専用列車なのだ。

働きもののデキ四〇〇形

では、デキ四〇〇形の働きぶりを覗いてみよう。

深夜遅く、デキ四〇〇形は四〇一と四〇二で貨車をはさむプッシュプル編成（動力となる車を両端に配する編成）で行動する。保線作業を行なうためのバラスト用の砂利を作業現場まで運ぶのが、そのおもな仕事だ。

バラストとは、線路に敷いてある石のこと。この石は線路のクッションであり、人間の拳大の石を敷き積み上げると、石が互いに複数の点で接し、列車が通過した際に重みを分散する仕組みだ。また、石を積むことで水はけが良くなり、鉄のレールが錆びにくくなる。もしバラストがなければ、列車の重みが地面に直接伝わり、地面が割れたり、線路自体が沈んでしまったりするだろう。

石は摩耗し劣化するので、しばしばとり替えなければならない。そこで新しいバラストを保線作業の現場に運ぶ必要が生じ、そのバラストを積んだ貨車を運ぶのがデキ四〇〇形の仕事というわけだ。

深夜の作業を終えて早朝に矢作橋駅に戻って来たデキ四〇〇形率いる砂利列車は、矢作橋駅に到着後、いったん豊橋方へ引き上げ、留置線兼砂利積込線へ転線する。留置線の横にはコンクリートの台があり、深夜になるとそのデッキを使って、ダンプカーで運ばれてきた石が貨車に流し込まれ、保線作業場へと向かうのだ。

矢作橋駅をよく見れば、二面三線の駅にバラスト搬出側線と留置線が見つかる。矢作橋がデキ四〇〇形の留置駅になっている理由は、準急以下の停車駅ではあるが、朝と深夜を除けばほぼ普通列車しか停まらないためだ。

昼間、矢作橋駅で見られるデキ四〇〇形は、深夜の本番に向けて一時休憩中の姿なのである。

ん？ どうして島氏永駅はホームが片方にしかないの？

島氏永
しまうじなが
SHIMAUJINAGA

名古屋本線の島氏永《しまうじなが》駅は、名古屋市の中心部から北東へ一五キロメートルほど行った一《いちの》宮《みや》市と稲沢《いなざわ》市にまたがる駅である。

はじめて島氏長駅に降りた人は、このホームに違和感を覚えるだろう。線路は二本敷かれ複線になっていて、対面式ホームのような形であるのに、正面にあるはずの反対方面行きのホームがないのだ。

そこで線路の先を目で追ってみると、数十メートル先にもう一つ、駅とホームが見つかる。じつはこれが反対側のホームであり、当駅のホームは、二面の単式ホームが、踏切を挟んで千鳥《ちどり》式に配置されている珍しい構造になっているのである（六一ページ写真参照）。

上り・下りのホームが前後にかなりズレた位置にあるため、覗き込まないと一方のホームが見えないというわけだ。スペースの問題で千鳥配置が採用される駅はいくつかあるが、島氏永駅の場合、ホームの対面には十分なスペースがあるように見える。

なぜ、上りと下りのホームをわざわざ別々に設置しているのか。

村同士のプライドの戦い

島氏永駅の歴史をたどっていくと、島村の島駅と氏永村の氏永駅という二つの駅であったことがわかる。島駅も氏永駅も、一九二四（大正一三）年二月一五日、尾張鉄道株式会社（のちに尾西鉄道と改称）が一宮～国府宮《こうのみや》間の中村線を開業したタイミングで開業した駅である。両駅のあいだはわずか二五〇メートルしか離れておらず、本来なら二つつくるような距離ではない。尾張鉄道としても当初は一つの駅にするつもりだったが、鉄道敷設のための用地買収の際、当時の島村と氏永村が、それぞれ村内に駅を設置することを主張。結局、鉄道会社が折れる形で二つの駅を誕生させたのである。

ところが、一九三九（昭和一四）年八月に、尾西鉄道は名古屋鉄道（現在の名鉄）に吸収合併され、中村線は国府宮支線と改称し営業を続けることになった。その後、名鉄が清《きよ》洲《す》線丸ノ内駅から国府宮駅までの新線を敷設し、名古屋～一宮間を結ぶ路線（現在の名古屋本線）を計画。多すぎる駅は高速運転の妨げになるとして、統廃合を断行したのである。このとき、島駅と氏永駅も統廃合の対象となった。何しろわずか二五〇メートルしか離れていないのだから当然といえば当然の話である。

しかしこの計画に、島村も氏永村も大反対。尾西鉄道時代の協定を破るものだと猛反発

島氏永駅ホーム。反対ホームは目視で数十メートル程度離れている。同じ駅であっても、反対方面に行くには一度改札を出て入り直さなくてはならない。

し、駅を無くすなら線路を撤去しろと強硬姿勢に出たのである。

困った名鉄が出した苦肉の策が、両村の境に駅をつくり、上りと下りのホームをそれぞれの村に設置するという案だった。

ようやく住民の理解が得られ、当初予定していた大和《やまと》駅の名のもとに開業したものの、数年で両村の名前を合わせた島氏永駅に改称したのである。

実際に地図で確認してみると、上りホームの所在地は一宮市大和町氏永（旧氏永村）で、下りホームの所在地は稲沢市島町（旧島村）だ。そして構内の中心を横切る踏切のすぐ南を流れる小川が市境（旧村境）となっている。

竹村駅と若林駅でほかの駅にない珍現象が見られる!?

竹村
たけむら
TAKEMURA

若林
わかばやし
WAKABAYASHI

三河《みかわ》線は豊田市の猿投《さなげ》駅と碧南《へきなん》市の碧南駅を結び、名古屋本線の知立《ちりゅう》駅から南北に分岐する支線である。その三河線で知立駅から碧南駅へ向かって三つ目の駅が竹村《たけむら》駅、四つ目の駅が若林《わかばやし》駅なのだが、二つの駅のホームに立って電車を待っていると、上りと下りを勘違いしてしまいそうになる。電車は一般的に左側通行が採用されており、名鉄の路線もそれにならっているが、なぜか竹村駅と若林駅に限り、右側通行となっているからだ。

しかも両駅は島式ホームなので、上りも下りもホームは同じ。事情を知らない人が下りだと思って立っていると、目の前に上り列車が来てしまい、あわててしまうこともある。

このようなややこしい構造になっているのは、両駅とも駅舎と島式ホームを結ぶ構内踏切が存在しているからだと考えられる。

乗客は、電車が進入・発車するすぐ脇の踏切を歩いてホームに向かわなければならず、危険である。駅に進入する電車は徐行しているとはいえ、それなりのスピードがあり、万が一乗客が踏切内にいたとしても急には停まれない。しかし、発車であれば勢いがついておらず、いざというときに急停車もしやすい。そこで踏切の位置が発車する電車の方向になるよう調整した結果、右側通行の配置になったのだという。

一方で、かつて使われていたスタフ拝受の際、ホームから運転手に受け渡しやすくするためだったのではないかと見る説もある。

現在、築港線《ちっこう》でわずかに残っているが、かつて単線の鉄道では、スタフ閉塞という方式が採られていた。スタフとは、丸い金属製の板のことだ。単線でも、運転本数が増えてくると、上り列車と下り列車がすれ違わざるを得ないときがある。しかし、単線ゆえに普通の駅ですれ違うことはできないため、その際は待避線のある駅が使われる。

このとき、すれ違う電車は次の交換施設がある駅まで対抗列車がいないことが大前提とある。そこで、交換施設のある駅区間に入れる列車を確実に一本にするために、通行証となるスタフを持たせ、列車に携行させる仕組みが採られていたのである。スタフは駅員が運転手に渡すのだが、ホーム側に運転席があったほうが当然、受け渡しがしやすい。

名鉄の運転席は左側にあるため、交換施設がある駅では右側通行にしたのではないか、というのだ。

だがスタフ説はあくまで推測にすぎず、右側通行が採用される大きな理由は、やはり駅を利用する乗降客の安全のためと見るのが自然なようだ。

岐阜市の開かずの踏切問題を解決する秘策

名鉄岐阜駅付近には、かつて名鉄がローカル鉄道を吸収して成立したという経緯や住宅の密集地であることから「開かずの踏切」と呼ばれる踏切が集中している。

開かずの踏切とは、文字通り遮断機が下りている時間が長く、通行できる時間が極端に短い踏切のこと。国土交通省はその定義を「ピーク時、一時間につき四〇分以上、遮断機が下りている状態」としている。つまり、一時間のうち遮断機が上がっている時間が二〇分足らずの踏切をさし、こうした踏切の多くは、線路が密集している場所や、駅の近くなどで見られる。歩行者や車からすれば、何十分も閉まったままで通行できない踏切など不便きわまりない。さらに、長い停車時間が渋滞を起こし、万が一事故が発生すれば、たちまち交通網がマヒしてしまうなど、リスクが高まる。また、交通量が増えた近年では、開かずの踏切が踏切事故の頻発の要因ともされる。

こうした問題から、現在では全国的に「開かずの踏切」を解消するための根本的な対策を講じることが各自治体の急務となっている。

茶所
ちゃじょ
CHAJO

加納
かのう
KANŌ

開かずの踏切問題でもっとも有効な対策は、いうまでもなく踏切をなくしてしまうことだ。そのため、各地で線路の高架化が進められている。

とはいえ、高架化には莫大な費用がかかる。名鉄岐阜駅周辺でも、渋滞や事故など諸問題を解消するため、一〇年以上前から岐阜駅〜岐南《ぎなん》駅までの約三キロメートルの区間を高架化する計画がいわれているが、財政上の問題から、事実上ストップ状態になっていた。しかし、いつまでも問題を棚上げにしておくわけにもいかず、最近になってようやく具体的な構想が練られるようになった。そこで打ち出されたプランは次のようなものだ。

まず岐阜駅から茶所《ちゃじょ》駅までの一・五キロメートルの区間を先行して高架化として整備する。この工事にともない、駅と駅のあいだの距離がわずか四〇〇メートルしかない茶所駅と加納《かのう》駅を統廃合し、新たな交通拠点となる新駅を設置するという。三キロメートルの区間にかかる総事業費は約五〇〇億円が見込まれている。

この高架化整備により周辺八か所の踏切が解消されるほか、それまで分断されていた東西の道路が貫通し、岐阜市中心部へのアクセスが向上することが期待された。しかし二〇一四（平成二六）年、この整備では、一箇所の踏切が残ってしまうため、一括で整備するという計画方針の変更がなされている。

岐阜市は順調に行けば二〇一六（平成二八）年度中には計画を具体化したいとしている。

野間駅と内海駅のあいだのホームのような遺構は何？

知多新線

知多新線は、知多郡武豊《たけとよ》町の富貴《ふき》駅から南知多町の内海《うつみ》駅までを結ぶべく、一九七六（昭和五一）年四月に全通した。

宅地開発や観光地としての開発のために建設された新しい路線で、名鉄でもっともトンネルが多いのが特徴である。

その知多新線の富貴駅で乗車し内海方面へ向かう車窓を眺めていると、不思議なものが目に入る。

終点内海駅とその一つ手前の野間《のま》駅のあいだに、駅のホームによく似たコンクリート造りの高架があるのだ。しかし、そこに電車が停車することはない。

じつはこの高架は、建設途中の駅のホームである。建設中といっても、現在工事が行なわれている気配はなく、ホームの長さも電車二両分程度とあまりに短い。もちろん屋根や駅名標、ベンチなどの施設もない未成駅なのだ。

駅が開業していないため正式名はないが、その所在地から小野浦《おのうら》駅という名で呼ばれる。

一九六九（昭和四四）年に着工された知多新線延伸工事と同時に駅の工事もはじまったが、上下ホームの一部が造られたところで、一九八〇（昭和五五）年に突然建設が中止。そのまま放置状態となってしまったのだ。

工事が中断された理由は、駅周辺の開発が遅れたためといわれる。周辺で住宅地開発が計画され、駅を設置することになったのだが、開発の遅れに加え、近隣住民が減少。このまま駅を開業しても利用者が見込めないとして、工事の途中で作業をストップさせることになった。

工事の中止から三〇年以上たった現在、小野浦駅ができるはずだった周辺には山林が広がるだけで店も民家も見当たらない。

南知多道路などの幹線道路からも距離があり、宅地開発が進んでいるとはいい難いが、駅が開業していたら今現在の街の姿とはまた違ったかもしれない。

第三章

ガイドブックには載らない名鉄沿線の新名所

海に沈んだはずの三種の神器の一つ草薙剣が熱田神宮にあった！

神宮前
じんぐうまえ
JINGŪ-MAE

名古屋本線神宮前駅《じんぐうまえ》を降りてすぐのところに、都会の真ん中とは思えないほど緑の深い森がある。名古屋市民が「熱田さん」と呼び、折に触れてお参りする熱田神宮の鎮守《ちんじゅ》の杜《もり》で、その敷地は約二〇万平方メートルにもなる。創建から一九〇〇年以上たつと伝わる神社は、戦国時代には織田信長が桶狭間《おけはざま》の戦いを前に戦勝祈願を行ない、勝利をおさめるなど、歴史上の英雄たちが参拝した古社としても知られる。

熱田神宮のご神体といえば草薙剣《くさなぎのつるぎ》（天叢雲剣《あめのむらくものつるぎ》）である。草薙剣は、八尺瓊勾玉《やさかにのまがたま》、八咫《やたの》鏡《かがみ》とともに三種《みくさ》の神器《かむだから》に数えられ、『古事記《こじき》』『日本書紀《にほんしょき》』（以下、「記紀《きき》」）によれば、スサノオノミコトがヤマタノオロチを退治したときに尾からとり出した剣とされる。のちに剣はスサノオノミコトからアマテラスオオミカミに献上されると、神武《じんむ》天皇の祖となるニニギノミコトへと受け継がれ、皇位継承のシンボルとなった。

この剣は、ヤマトタケルノミコトと深いかかわりを持つ。

「記紀」によれば、父・景行《けいこう》天皇から東征を命じられたヤマトタケルノミコトは、伊勢神

『尾張名所図会』より、ミヤズヒメに剣を与えるヤマトタケルノミコト。「形見に寶剣を授たまふ」との注釈がつけられている（国立国会図書館蔵）。

宮に立ち寄り、伯母であるヤマトヒメから剣を授けられた。そして東国で敵の計略により野火攻めにあった際は、剣で草を薙ぎ払い、窮地を脱している。このエピソード以降、それまで天叢雲剣と呼ばれていた剣は、草薙剣と名を変えた。

さらにヤマトタケルノミコトは、東征の帰路に尾張《おわり》氏の娘であるミヤズヒメを妻にすると、剣を彼女に預けて伊吹山《いぶきやま》に向かった。だが山の神の怒りに触れて病に倒れ、帰路に没してしまったため、ミヤズヒメは故郷の熱田に社を建てて剣を奉納した。

このとき建てられた社が、現在の熱田神宮であり、以来草薙剣は熱田神宮のご神体になったと伝わる。

しかし、『平家物語《へいけ》』を知る人なら、あることに気づくだろう。『平家物語』には、壇ノ浦《だんのうら》の戦いのクライマックスシーンで、源氏に敗れた平家方の二位《にい》の尼と幼い安徳《あんとく》天皇が入水をはかったとつづられる。そしてこのとき、二位の尼は〝宝剣〟を持って海に身を投げている。前述したように草薙剣は皇位継承のシンボルとされていたのだから、ここに出てくる宝剣は、当然ながら草薙剣であるはずだ。

この話が確かならば、海に沈んだはずの剣が熱田神宮にあるというのは不思議である。

神器はレプリカだったのか

じつは三種の神器には、古くからレプリカがつくられていた可能性が指摘されている。

そもそも皇位継承のシンボルである三種の神器は宮中に置かれていたのだが、第一〇代崇神《すじん》天皇の時代に「神器と同居するのはおそれ多い」として宮中の外に移されたという。平安時代に成立した『古語拾遺《こごしゅうい》』によると、このとき剣と鏡に「形代《かたしろ》」つまりレプリカがつくられ、以来レプリカが宮中で継承されたのだという。つまり海に沈んだ剣は形代であり、宮中から移された本物が、熱田神宮に伝わったというわけだ。

なお、壇ノ浦で剣を失った宮中では、その後皇位継承の儀式に代用の剣を用いていたが、鎌倉時代の一二一〇（順徳元《じゅんとく》）年、第八四代順徳天皇の即位にあたり、伊勢神宮が新たに宝剣を献上したとされる。これが二代目の形代として奉じられ、以後現在まで宮中に置かれていると考えられる。

だが、このストーリーに異説を唱えるのが松田宏二氏だ。松田氏は著書『草薙剣は二本あった』（鹿友館）で、ヤマタノオロチから出た剣と、ヤマトタケルノミコトがミヤズヒメに与えた剣は、本来別ものであるという説を唱えている。じつは「記紀」の記述をよく読むと、前者は銅剣、後者は鉄剣と書かれている。

書き間違えの可能性は否定できないが、材質が違うのだから、別の剣である可能性は高い。それが同一の剣とされたのは、大和政権が国家の統一と皇位継承の正統性を物語るためだったという。その上で大和政権は、東国を抑える力を有する尾張氏を懐柔すべく、友好のあかしとして一方の剣を与え、熱田神宮に祀られるようになったというのである。

いずれの説が正しいのか、それを検証することは難しいが、現在も熱田神宮の奥深くに草薙剣が祀られていることは事実である。

その剣は、参詣者はもちろん、宮司さえ見ることが許されていない。記録によれば、江戸時代に神宮の修理が行なわれた際、こっそり剣を見た神職が五人いたが、彼らは謎の死を遂げたか、流罪になったと伝えられている。

日本三大仏の一つ 岐阜大仏は「超軽量級」

名鉄岐阜
めいてつぎふ
MEITETSU GIFU

名鉄岐阜駅からバスで約一五分ほど揺られ「岐阜公園歴史博物館前」で降り、三分ほど歩くと正法寺《しょうぼうじ》に着く。正法寺は、日本三大仏の一つといわれる「岐阜大仏」がある寺だ（日本三大仏は、奈良大仏・鎌倉大仏を不動とし、もう一つは異説あり）。

岐阜大仏は国内に現存する大仏としては三番目に古く、建立は江戸末期の一八三二（天《てん》保《ぽう》三）年とされる。

像の高さは一三・六三メートルで、東大寺《とうだいじ》の奈良大仏（一四・九八メートル）には及ばないものの、高徳院《こうとくいん》の鎌倉大仏（一一・三一メートル）よりも高い。また、顔の長さは三・六三メートル、耳の長さは二・一二メートル、口の幅は〇・七〇メートルもあり、日本三大仏の名に恥じない大きさだ。

ところが、その堂々としたいでたちに反して、岐阜大仏は、重量ではほかの大仏像とは比べ物にならないくらい軽いという。

「大きいのに軽い」。その秘密は、独特の製造法にあった。

大仏の大きさ比較

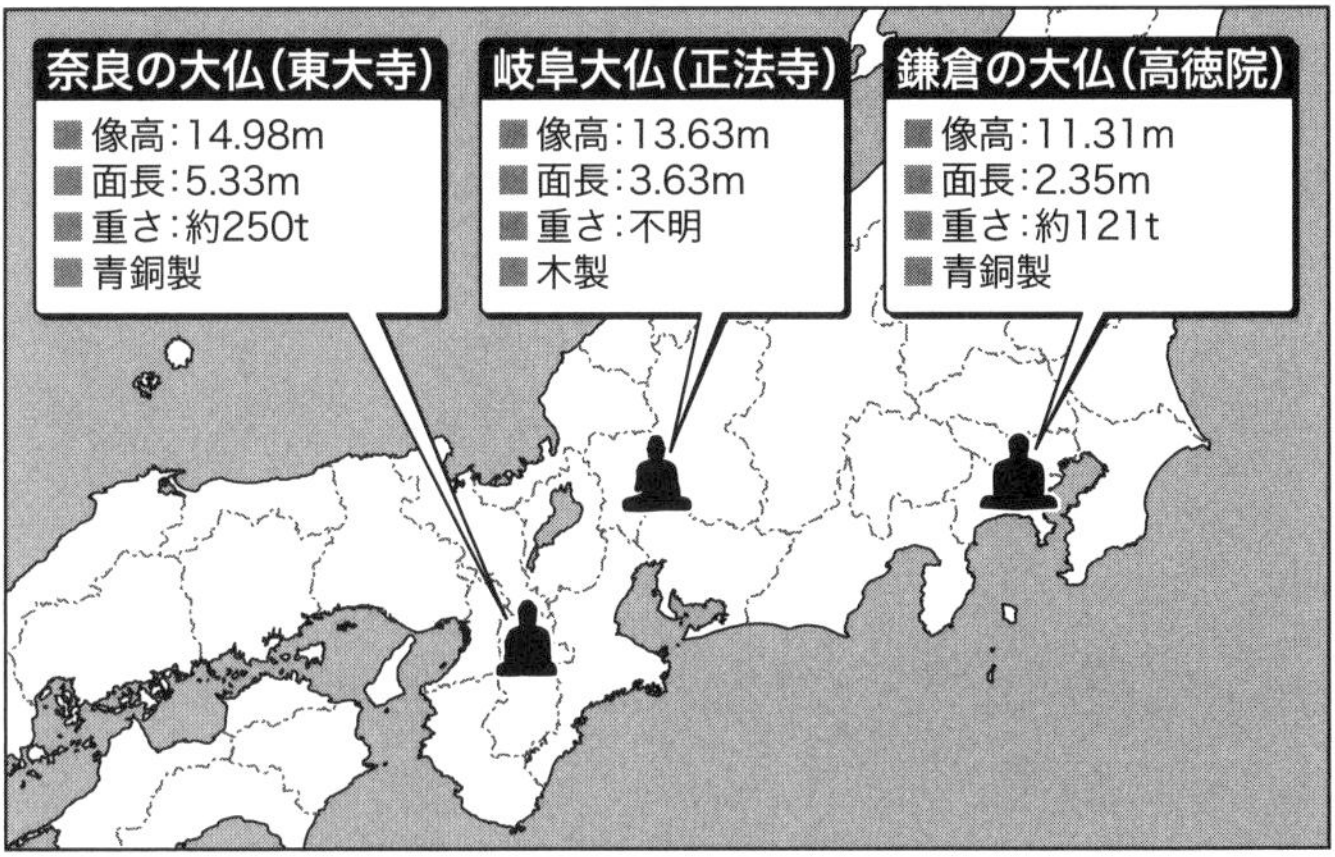

単純に大きさで比較すると、岐阜大仏は、奈良の大仏（東大寺）と鎌倉の大仏（高徳院）のちょうど中間にあたる。ただし、素材の違いから重量はもっとも軽い。

人々を勇気づけるために

正法寺は京都宇治《うじ》黄檗山曼福寺《おうばくさんまんぷくじ》の末寺だが、檀家数が少ない小さな寺だった。一一代惟中住職の時代、大地震や大飢饉《ききん》が発生し、寺のまわりに住む人々は、辛い日々を過ごしていた。

消沈する人々を見た惟中住職は、勇気づけようと奈良の大仏のような大きな仏像を建立することを決意する。ところが、檀家が少なく有力者の後ろ盾もない寺のこと、思うようにお布施《ふせ》が集まらない。困った惟中住職は、その後二五年にわたって托鉢《たくはつ》を続け、コツコツと建立費用を貯めたのである。

それでも、目標額にはとうてい及ばなか

った。

惟中住職のあとを継いだ一二代肯宗住職が遺志を継ぎ、托鉢をしながら資金集めを行なった。そして一三年後、一定の金額に到達する。二代の住職が三八年の年月をかけて、やっと資金を集めたのである。

三八年間かけて集めた資金とはいえ、その金額は奈良の大仏に匹敵する銅像の建立には至らない。そこでとり入れられたのが、乾漆造《かんしつづく》りと呼ばれる工法だった。中を空洞にして、外側を漆《うるし》でかためた像のことで、いわゆる「ハリボテ」像である。中が空洞だから超軽量級というわけだ。

岐阜大仏は、一般的な乾漆造りとは少し違った工法を用いている。周囲一・八メートルの大きなイチョウの木を柱として、木材で仏像の骨格をつくると、通常は行なわれない竹を編んで形を整える工程を入れた。

竹かごに粘土を塗って肉づけを施したあと、その上に丁寧に和紙を貼り、最後は漆と金箔を塗って仕上げた。粘土の上の和紙には、一切経《いっさいきょう》や阿弥陀経《あみだきょう》、観音経《かんのんきょう》などを張ったともいう。このような特別な構造のため、岐阜大仏は「かご大仏」とも呼ばれている。

こうした技術がとり入れられたのは、岐阜が竹細工や和紙づくりが盛んな土地だったことによる。地元の職人たちが力を集め、人々の希望となる岐阜大仏を完成させたのである。

源義朝の墓に木の板が山積みされている謎

野間
のま
NOMA

鎌倉幕府を開いた源《みなもとのよりとも》頼朝とその弟・義経《よしつね》の父である源義朝《よしとも》は、尾張にゆかりがある人物である。熱田神宮の宮司《ぐうじ》家の娘を正室に迎えていたほか、息子頼朝は宮司家との縁から官位を得ている。そして何より義朝の墓が、愛知県知多郡美浜《みはま》町にあるのだ。

義朝の墓は野間駅から一キロメートルほど西に行ったところにある鶴林山大御堂寺《かくりんざんおおみどうじ》の境内に建つ。地元では野間大坊《のまだいぼう》の通称で知られるこの寺は、天武《てんむ》天皇の時代（六七三～六八六年）に建立されたと伝わる知多半島屈指の古刹である。

創建当時は阿弥陀寺の名であったが、承暦《じょうりゃく》年間（一〇七七～一〇八一年）に白河《しらかわ》天皇が勅願寺として再興し、大御堂寺と改称された。境内には義朝の墓を中心に、義朝の忠臣夫妻の墓や、清盛の継母である池禅尼の供養経塚があるほか、門前には義朝の首を洗ったとされる池が残されている。

義朝の墓を見た人は、目の前の光景に驚くかもしれない。墓石を覆いつくさんばかりに無数の木の板が積み重なっているからだ。不謹慎にも思えるが、これには理由がある。

せめて一振りの木太刀さえあれば……

一一五九（平治《へいじ》元）年、平氏の棟梁《とうりょう》である平清盛《たいらのきよもり》が一族を率いて熊野詣《くまのもう》でに出かけたのを見計らい、源氏の棟梁である義朝は、藤原信頼《のぶより》と挙兵。後白河《ごしらかわ》法皇と二条《にじょう》天皇の御所を急襲した。清盛がすぐさま帰京して天皇を保護し、反撃に出ると、平氏の猛攻に圧倒された義朝は都から落ち延び、わずかな従者とともに東国を目指す。

そこで再起をはかる計画だったたが、途中の東海道は平家の息がかかった者が警固していたため、抜けられない。急遽計画を変更し、長いあいだ源氏に仕えていた長田忠致《おさだただむね》・景致《かげむね》父子を頼るべく、館がある野間を目指し、美濃から知多半島の南部内海に入ったのである。

父子は義朝一行を歓迎し、酒食でもてなした。しかし、平家の勢いが盛んな世の中のこと、二人は恩賞を目当てに義朝を裏切った。義朝の従者たちを遠ざけた上で義朝に風呂を勧め、無防備なところを家来に襲わせたのである。

鎧も刀もない義朝は、抵抗らしい抵抗もできなかっただろう。「一ふりの太刀《たち》ありせば、かかる遅れはとらぬものを（私に木太刀の一本でもあれば、むざむざ討たれはすまい）」と言い残して絶命したという。

これは『平治《へいじ》物語』に描かれた物語で、墓に木板がうず高く積み上げられるようになっ

大御堂寺境内に立つ義朝の墓。墓の上に無数の木の板が積み重なっている。当初は供養のためであったが、現在は人々の願いが書きこまれた護摩木が積まれている。

たのは、この悲痛な叫びを哀れんだ人々が、供養のために木刀を手向けたことに始まるという。現在は木太刀をかたどった護摩木《ごまき》に願い事を書いて奉納すれば、叶うとされている。無数の板が山積みされているのはそのためだ。

もっとも、義朝の最期の言葉は違っていたと見る説もある。大御堂寺には、尾張藩祖の徳川義直《よしなお》が寄進した『源義朝公御最期之御絵解』という絵解き資料が伝えられているが、そこには「鎌田《かまた》はなきか。金王丸《こんのうまる》は」と忠実な家臣たちの名を呼んで息絶えたと書かれている。義朝の最期の言葉がどちらだったか真相は不明だが、「せめて一振りの木太刀さえあれば……」という義朝の無念の思いがあったことは確かだろう。

ここ瀬戸市にて、グランドキャニオンを発見!?

尾張瀬戸
おわりせと
OWARI SETO

愛知県瀬戸《せと》市は、〝せともの〟の名で知られるように、全国でも随一のやきものの街だ。毎年九月には「せともの祭」という陶磁器のイベントが催されるほか、尾張瀬戸駅から北へ約五〇〇メートル行ったところには、やきものの神様を祀る窯神《かまがみ》神社が鎮座する。そして現在、神社の駐車場から見られる景観が話題を集めている（左ページ写真）。

目の前に広がるのは、どこまでも続く白い断崖。じつはこの地は「陶《とう》土《ど》珪砂《けいしゃ》採掘場《さいくつじょう》」と呼ばれる鉱山なのだ。

長い年月をかけて採掘が続けられた山肌には巨大なくぼみができ、いくつもの層があらわれている。その広大な崖やくぼみが、アメリカの世界遺産グランドキャニオンを彷彿させるとして、「瀬戸グランドキャニオン」と呼ばれている。

その地層をよく見ると、最上部は褐色で、その下は灰白色、そのなかに灰黒色をはさみ、大きく三色に分かれていることに気がつくだろう。

褐色が砂礫層で、灰白色が風化した花崗岩《かこうがん》からなる珪砂と陶土、そして灰黒色が、瀬戸

瀬戸市の「陶土珪砂採掘場」（上）と採掘された陶土（下）。褐色・灰白・灰黒色と、三色の地層になっている。このうち灰黒色の部分が瀬戸焼の最高級の陶土だ。一般の人は採掘場内への出入り、見学はできない（瀬戸市提供）。

焼の最高級の原料となる陶土である。

さかのぼること七〇〇〇万年ほど前、地中の深いところで形成された花崗岩が、長年の隆起運動によって地表にあらわれた。その後風雨と河川運動によって運ばれ、約一〇〇〇万年前に現在地に堆積した。やがて岩石の風化が進み、粘土鉱物になったのだ。

陶土の採掘場は各地に存在するが、ここ陶土珪砂採掘場は、とくに高級陶土といわれる蛙目《がいろめ》粘土（石英の粒をふくみ、風雨にさらされると石英部が光る粘土）と木節《きぶし》粘土（炭化した木片を含む粘土）、さらにガラスなどの原料になる珪砂などが幾重にも重なっているのが特徴だ。

この地にやきものが栄えたのは、陶工たちの努力はもちろんのこと、環境として陶土を始めとした豊富な天然資源があったからにほかならない。

特異な景観が姿を消す日

瀬戸の繁栄の土台となった瀬戸グランドキャニオンだが、じつはこの景観が近いうちに消える可能性があるという。

『瀬戸市史』によると、かつて陶工たちは陶磁器生産のために山々の木を利用して窯を焼いていた。その結果、大雨の際には山が崩れ、周辺住民が被害をこうむることがあった。

そのため、江戸時代後期には、周辺の村から窯業の制限を訴える声があがるほどだった。

そこで明治時代に入ると、国が主導権を握り、山に緑を戻すとり組みとして、クロマツやヤシャブシなどの植林を開始した。じつは現在、市内で目にできる山々の緑の大半は、人々の努力が実り、育った人工林なのである。

さらに現在、採掘を終えた場所は、使用者が現状回復することが義務づけられており、一部で埋め戻し作業が始まっている。また、最近になって、埋め戻し作業を促進させるであろう新たな動きが見られている。

愛知県では二〇二七年に開業予定のリニア新幹線の工事が進んでいるが、そのために掘られた長大なトンネルから生じた残土の処理をどうするかが問題となっていた。

その量たるや約五六八〇万立方メートルと、ナゴヤドーム約三三杯分にもなる。そこで瀬戸の窯業団体が、土の受け入れ先として名乗りを上げたのだ。

瀬戸グランドキャニオンの埋め戻し作業がこの先進めば、現在の奇観を見ることはできなくなるかもしれないというわけだ。

笠覆寺のご本尊が笠をかぶっているワケ

本笠寺
もとかさでら
MOTO KASADERA

名古屋市南区に所在する名古屋本線の本笠寺《もとかさでら》駅は、駅の東側に鎮座する笠寺観音の名を由来とする駅だ。

もっとも笠寺観音は通称で、正式には天林山笠覆寺《てんりんざんりゅうふくじ》という。「笠覆寺」は、本尊である秘仏・十一面観音が笠をかぶっていることからの命名とされ、「笠寺」は親しみを込めて地元で呼ばれている名前である。

それにしても、笠をかぶった観音様とは珍しいが、どのようないきさつでそのような姿になったのだろうか。

この寺の起源は古く、寺伝によると平安時代にあたる七三三（天平《てんぴょう》五）年、禅光《ぜんこう》という僧が近くの呼続《よびつぎ》の浜辺に漂着した不思議な光を放つ霊木に、十一面観音を彫って堂に安置したことにはじまる。こののち、お堂は小松寺と名づけられ栄えたが、醍醐《だいご》天皇の時代に戦火で焼失。観音像は無事だったが、野ざらしになってしまった。

ある雨の日、近くに住む美しい娘が通りかかり、観音像が雨に濡れている姿を見た。雨ざらしの観音様の姿を不憫に思った娘は、自分の笠をはずしてかぶせ、その後ことあるごとにお参りを続けていたという。

そんなある日のこと、ときの関白《かんぱく》で太政大臣《だじょうだいじん》でもある藤原基経《もとつね》の三男・兼平中将《かねひらちゅうじょう》がこの地を訪れ、娘の話を耳にした。そして野ざらしの観音像に笠をかぶせた娘の優しさにいたく感激した兼平は、彼女を妻として迎えることにしたのである。

兼平に呼ばれて都に向かった娘は、玉照姫《たまてるひめ》と呼ばれ、子どもにも恵まれ、幸せに暮らしたという。姫は、この幸せがあるのも観音様の霊験だと考え、寺の窮状をなんとかならないかと兼平に訴えた。すると兼平は快く援助を申し出、寺を立派に再興させると、観音菩薩を本尊にしたのである。そしてこのときから観音像は笠をかぶるようになり、寺の名も小松寺から笠覆寺に名を変えたのだという。

再興された笠覆寺は繁栄し、徳川家康が名古屋城を築いた際には、鬼門《きもん》の方角にあたることから鎮護の寺にも定められた。

そして今日、本堂の香炉鉢から立ち上る煙に、参拝者が手や頭をかざす光景が連日見られるなど、名古屋の人々から篤い信仰を集めている。

小牧山城に三段の石垣が造られたのは信長の威信を示すため

小牧
こまき
KOMAKI

小牧《こまき》線小牧駅の西方、約一キロメートルにある小高い山が小牧山である。戦国史に詳しい人であれば、山の名から「信長の小牧山城があったところ」とわかるだろう。

一五六三（永禄《えいろく》六）年、織田信長はそれまでの拠点としていた清須城から小牧山城に居を移した。

小牧山城は信長が自ら築いた最初の城で、濃尾平野のほぼ中央に位置する。敵対していた犬山《いぬやま》城を望める位置に城を構え、美濃《みの》攻略を実現させるためであったが、そのわずか四年後に信長は岐阜の稲葉山城に移り、小牧山城を廃城としている。

そのため従来、小牧山城は信長が戦略のために一時的に築いた砦のようなものだったと考えられてきた。

しかし、二〇一〇（平成二二）年に行なわれた発掘調査で、石垣が二段になっていることが明らかとなった。一段目の高さは約二・五メートル、二段目は約一・五メートルで、合わせて四メートルもの高さになる。その石垣の規模から、小牧山城は砦ではなく、安土《あづち》

２０１０年に発見された二段目の石垣に続き、２０１５年には３段目の石垣の存在が明らかになった。写真は小牧山城発掘当時の三段目の石垣（小牧市教育委員会提供）。

城に先立つ本格的な石垣の城だった可能性が指摘されたのだ。

さらに二〇一五（平成二七）年二月には、砦説を完全に覆す新たな発見があった。国内の城跡で類を見ない、三段目の石垣が発掘されたのだ（上写真参照）。

三段目の高さはおよそ二メートル。それまで発見されていた二段の石垣と合わせると、石垣の高さは六メートルにもなり、その偉容は、当時としては特段のものであったことがわかった。

事実、信長の側近が著した『信長公記《しんちょうこうき》』には、小牧山城が出来上がっていくさまを見た敵兵が恐れをなして犬山に撤退したという記述がある。当時、誰もが見たことがないような石垣は、圧倒的な力の象徴となったに違いない。

最新技術が結集した小牧山城

信長がこのような城をつくったのは、自分の勢力を誇示する演出効果を狙ってのことだ。そのために、小牧山城の石垣にはさまざまな技術が詰め込まれているという。

石垣はただ高さがあるだけではなく、二段目の下部に丸石を敷き詰めた排水処理と見られる設備があった。当時石垣は水に弱いといわれていたが、この排水処理により、崩落するのを防いだものと見られる。

また、三段目の石垣の下部は、三〇〜五〇センチメートルの大きさの自然石が積み上げられ、上の部分にはなだらかに土が盛られていた。これもまた石垣を強化するための工夫で、一段目と二段目の石垣が崩れるのを防ぐ意味があったと考えられる。

さらに、石垣に用いられている石を調べると、小牧山やその付近に存在せず、遠方から運んできたものがあることがわかった。

のちに信長は、熱田の宮大工ら最先端の技術者集団を召し抱えて安土城を築くのだが、わざわざ遠方から石をとり寄せたという事実は、小牧山城の築城においても、新しい土木技術を用いていた何よりの証拠となる。

小牧山城の石垣

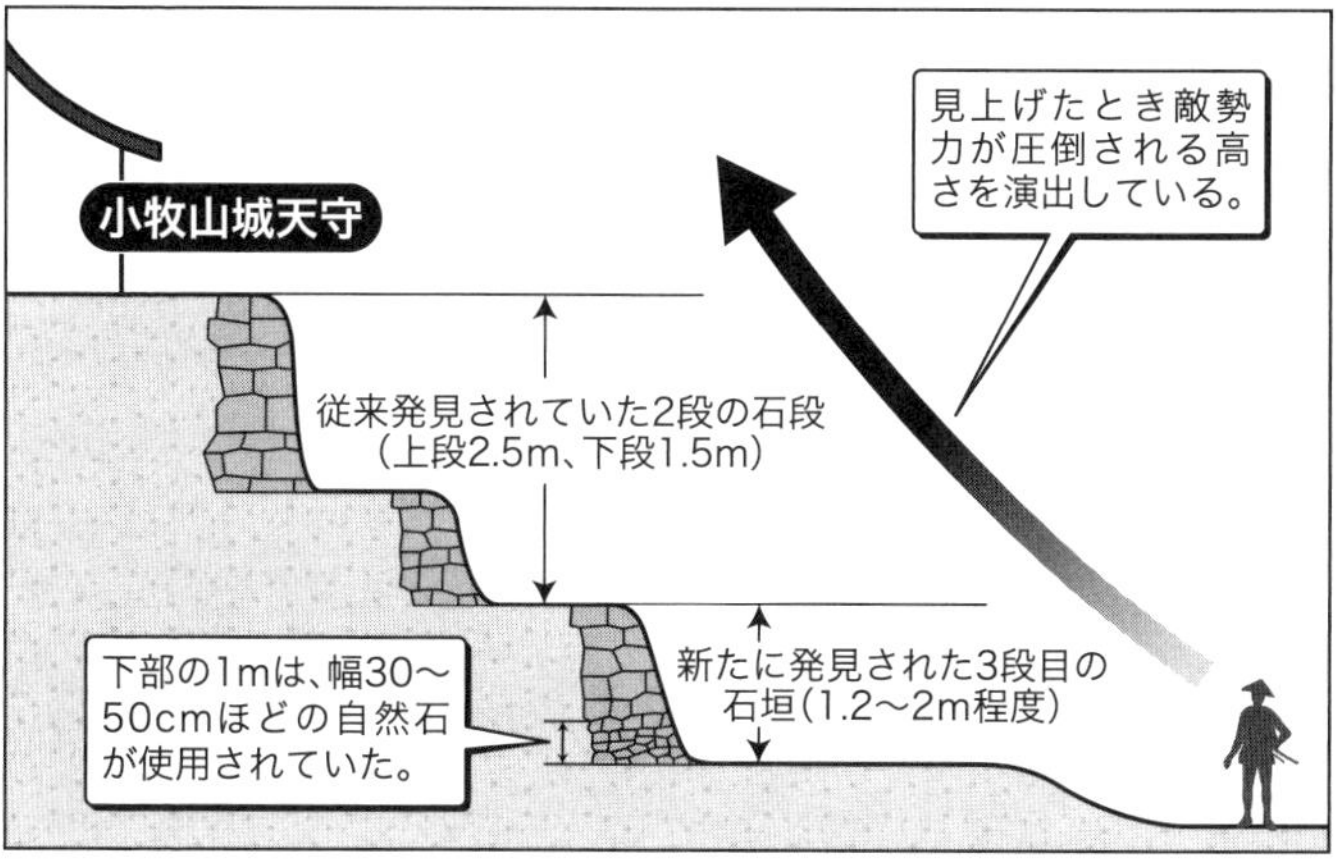

小牧山城天守
見上げたとき敵勢力が圧倒される高さを演出している。
従来発見されていた2段の石段
(上段2.5m、下段1.5m)
新たに発見された3段目の石垣(1.2〜2m程度)
下部の1mは、幅30〜50cmほどの自然石が使用されていた。

三段目の石垣が発見され、計6メートルもの高さの石垣を擁する城であることから、小牧山城が急ごしらえの砦ではなく、立派な城郭であった可能性が高まった。

その上信長は、小牧山の麓に家臣たちの住居と商工業者の町屋を集め、城下町を形成している。

信長の死後、小牧山城が再び脚光を浴びたのは、一五八四(天正《てんしょう》一二)年の小牧・長久手の戦いにおいてであった。このとき徳川家康と織田信雄《のぶかつ》の連合軍は信長の城跡に改修を加え、本陣とした。こうして豊臣秀吉軍とにらみ合い、和解成立後に再び城は廃城となった。

江戸時代の小牧山は尾張藩領となり、家康の陣跡として立ち入りが禁じられた。そのために堀や土塁などの保存状態がよく、今後の発掘調査によっては更なる新発見があるかもしれない。

山梨県庁にあった即身仏が、横蔵寺に移された深いワケ

谷汲
たにぐみ
TANIGUMI
※廃駅

岐阜県揖斐《いび》郡揖斐川町には、かつて名古屋鉄道谷汲《たにぐみ》線が通り、谷汲駅が存在していた。二〇〇一（平成一三）年に営業廃止となったが、現在も駅舎は残り、待合室では谷汲線の資料が展示されている。

その駅舎跡から車で走ることおよそ三〇分。谷汲山の深い谷間に、横蔵寺《よこくらじ》という天台宗《てんだいしゅう》の寺がある。簡素でこじんまりとした寺の開基は古く、天台宗の祖・最澄《さいちょう》が、平安時代はじめの八〇一（延暦《えんりゃく》二〇）年に、薬師如来像を安置したことに始まる。

一時は三八人にものぼる坊守《ぼうもり》を擁し、一〇〇〇石もの寺領を持つ立派な寺として栄えたが、戦国時代の戦乱に呑まれ、焼失してしまう。寺が再興されたのは一六一〇（慶長《けいちょう》一五）年で、徳川家康が領内の山林や木材などの石高を寄付し、実現した。

その際、貴重な寺宝も多く集められ、現在も本尊である薬師如来をはじめ、平安時代の十二神将、鎌倉時代の大日如来と四天王像など、重要指定文化財が納められた。山間の寺にこれほどの寺宝が集まるのは珍しく、それゆえ「美濃《みの》の正倉院《しょうそういん》」とも呼ばれている。

数々の寺宝のなかでも、とくに目を引く文化財に、舎利堂《しゃりどう》に安置された妙心《みょうしん》法師の即身《そくしん》仏《ぶつ》がある。即身仏とは、衆生救済のため、断食などの厳しい修行の末に絶命し、ミイラ化したもの。かつての日本では、弘法大師空海《くうかい》の入定《にゅうじょう》信仰に基づき、死後仏になるための修行と考えられていた。

妙心法師も江戸時代に、即身仏となることを願って入定した一人である。法師は谷汲村に生まれ、諸国を巡礼したのち、一七歳のときに信濃《しなの》で仏門に入った。死後仏となるべく荒行を重ね、生食を絶ち、そば粉を清水でといてすする生活を送っていたという。

のちに富士山の行者僧になると、一八一七（文化《ぶんか》一四）年に山梨県の御正体山《みしょうたいやま》で断食に入り、約一ヶ月後に入定した。このとき、法師は三七歳だった。彼の亡骸は自然にミイラとなり、その後山内の上人堂に祀られた。

しかし法師の即身仏は、明治に入り、廃仏毀釈運動が始まってまもなく山を下ろされてしまう。明治初期まで山梨県庁や病院などを転々とし、一八九〇（明治二三）年に子孫の求めで岐阜県谷汲に帰郷。ふるさとの地に戻ることができたのである。

今でも同寺を訪れると、約二〇〇年もの昔、仏になることを願って入定した妙心法師の亡骸を拝観できる。骨と皮ばかりになりながらも、しっかりと足を組み、手を合わせるその姿は、法師の即身仏を願う意志の強さを物語るようだ。

個人が二〇年かけて造った公園が知多にある!!

内海
うつみ
UTSUMI

名鉄内海《うつみ》駅から師崎港行きに乗車し一五分。半月《はんつき》バス停で降りたら、そこから県道沿いの小さな路地の入り口を入り、山道を登る。すると、〝日本版シュバルの理想宮〟といわれる「貝がら公園」にたどり着く。

シュバルの理想宮とは、フランス南東部の田舎町オートリーブに建てられた石造りの宮殿で、キリスト教やヒンズー教などさまざまな神話の影響を受けた幻想的な建築物として知られる（左ページ写真参照）。

その奇妙な外観もさることながら、宮殿を有名にしたのが、フェルディナン・シュバルという一般人がつくったというエピソードにある。

シュバルの本業は郵便配達人で、建築の専門的教育は受けていなかった。にもかかわらず、彼は仕事先で見つけた石や貝がらを持ち帰っては、積み重ね、そこに彫刻を施す作業を繰り返し、約三三年もの歳月をかけて石の宮殿を完成させたのである。

貝がら公園が日本版シュバルの理想宮と呼ばれるのは、シュバル同様、製作者が山本祐

シュヴァルの理想宮。一人の郵便配達員が１８７９年から１９１２年にかけて作業を続け、この奇妙な宮殿を完成させた。

一氏・良吉氏親子という一般の人であるためだ。

神様からのお告げと信じて

きっかけは一九五五（昭和三〇）年、祐一氏が六一歳のとき、キラキラ光る貝がらが白いヘビの上に降ってくる夢を見たことだった。奇妙な夢に驚いた祐一氏は、かつて山頂に白いヘビを祀る神社があったことを思い出した。そこから「貝がらで神社をつくれというお告げに違いない」と考え、自らの手でつくることを決意したのである。

すぐに祐一氏は作業にとりかかった。天秤棒を肩にかつぎ、貝がらや石、セメントを載せては山道を何度も往復して、神社づくりにいそしんだのである。当時、Ｊ

A職員だった息子の良吉氏は、休日になると父の手伝いをしたという。

祐一氏が作業を開始してから約二〇年後の一九七六（昭和五一）年に神社はようやく完成。祐一氏が九二歳で天寿を全うしたあとは、良吉氏が公園を整備し、遊具やオブジェなどをつくり、現在に至っている。

貝がら公園は小高い丘にあり、麓からは一一一五段もの階段をのぼる。この階段も山本父子がつくったものだ。汗をかきかき階段を上っていくと、すぐに鳥居のほか、「白山丸」の名がつけられた船の形の展望台や砲台、魚の形をしたテーブルやベンチなどのオブジェが目に入る。

遠めから見ると白いオブジェに見えるが、近づいてみると、そのすべてに貝がらがびっしり埋め込まれているのに驚かされる。まるでモザイクアートのようにたくさんの貝がらが使われているのは、夢に見た光る貝がらがモチーフになっているからだろう。

じつは貝がら公園は、園の主である良吉氏が持つ敷地内にあるが、見学は自由となっている。入園料も無料だが、訪れる際には、まず白山神社で手を合わせるなど最低限のマナーは守りたい。

観音様から碑まで かぼちゃまみれのお寺はなぜできた？

東幡豆
ひがしはず
HIGASHI HAZU

蒲郡《がまごおり》線・東幡豆《ひがしはず》駅より徒歩三分のところにある妙善寺《みょうぜんじ》は、奈良時代の天平《てんぴょう》年間（七二九〜七四九年）に行基《ぎょうき》によって建てられたとされる。そして平安時代には天台宗の寺になっていたらしい。

そうした由緒のある古刹には、妙なことに「かぼちゃ寺」という別名がある。実際に境内に足を運んでみれば納得。台座がかぼちゃになっている「かぼちゃ観世音」や、かぼちゃのなかに安置されている「かぼちゃ地蔵」、さするとご利益があるという「幸せのかぼちゃ」などが置かれ、どこもかしこもかぼちゃまみれなのだ。

また、一九九〇（平成二）年からは、第二六代住職の伴義山氏の発案で、「かぼちゃサミット」なる会が催される。

サミットでは、九月半ばから冬至までのあいだにこの寺へ送られてきたかぼちゃ（約三五〇〇個）のコンテストが行なわれるほか、冬至の日には参拝者へかぼちゃしるこがふるまわれる。なぜ由緒正しい寺がこれほど〝かぼちゃ押し〟をしているのか。

言い伝えによると、きっかけは天文年間《てんぶん》（一五三二～一五五五）に起きた、ある出来事にあった。

神様からの不思議な贈り物

当時、妙善寺は西林寺と呼ばれており、利春僧都《りしゅんそうず》という住職がいた。利春は、皆に慕われる立派な僧だったという。そんな利春がある夜、夢を見た。

金色の観音さまが現れて、利春に向かって次のように言った。「明日の朝、浜に出なさい。お前に、福徳を授けましょう」。

翌朝目覚めた利春が、観音様に言われたとおりに浜に出てみると、そこには見たこともない丸いものがゴロゴロといくつも打ち上げられている。沖合に目を向ければ、それは海にもプカプカとたくさん浮いていた。

拾って持ち帰った利春が割ってみたところ、なかには黄色い実と種が詰まっていた。試しに煮てみれば、それはそれは甘くて美味だった。そこで利春は、たっぷりとあるそれを煮て、村人へ配ったところ、食べた村人はたちまち元気になったという。この丸いものこそかぼちゃであり、これが観音さまの福徳だったという。

この逸話から西林寺は、かぼちゃが伝来した寺で、いつしかかぼちゃ寺と呼ばれるよう

妙善寺の境内に足を踏み込むと、かぼちゃを模したモチーフを多く目にする。写真手前のかぼちゃをくりぬいた観音様はもとより、左の観音様の足元にも注目。

になったのである。

その後、江戸時代中期にあたる寛政《かんせい》年間（一七八九～一八〇〇年）に、西林寺は妙善寺と名を変え、現在は浄土宗西山深草派に属する寺院になっている。

なお、妙善寺に伝わるかぼちゃ伝来の話は、あくまで言い伝えにすぎないとされる。

歴史的に見ると、かぼちゃの原産地はアメリカ大陸とされ、大航海時代にコロンブスによってヨーロッパへと持ち込まれ、そこから世界各地へ伝わった。

日本へのかぼちゃの伝来は一六世紀頃、ポルトガル船によって持ち込まれ、そこから日本で栽培されるようになったといわれている。

三六〇度貝だらけ！　異空間ともいうべき美術館へ、いざ！

蒲郡
がまごおり
GAMAGŌRI

名鉄蒲郡《がまごおり》線が走る蒲郡市は、直径六五〇メートルにもなる巨大な花火を打ち上げる蒲郡まつりや、初夏に五万株のあじさいが咲き誇る形原温泉など、観光都市として力を入れている市だ。そんな市の観光スポットの一つに、一風変わった施設が存在する。

施設が変わっているといわれる理由は、一歩内部に足を踏み入れれば一目瞭然。魚や花、巨大なドラゴンなど展示されている作品をよく見ると、どれもが貝でできている。さらにいえば、天上から床に至るまで、どこもかしこも貝だらけなのだ。

ここ「竹島ファンタジー館」をはじめて訪れた人は、三六〇度にわたって広がる貝のオブジェに圧倒されるだろう。

どうしてここまで貝づくしなのかといえば、貝をテーマにしたテーマパークだから。だが、貝のテーマパークとして運営されるようになったのはここ最近の話で、一九六四（昭和三九）年のオープン時の施設名は、「蒲郡フラワーパーク」といい熱帯植物園だった。それが貝一色に姿を変えたのは、一九八三（昭和五八）年のこと。「海に近かったから」

竹島ファンタジー館。作品はもちろんのこと、天井や床にまではりめぐらせた５５００万個もの貝が目前に迫り、「圧巻」の一言。館内には、世界最大の鳥といわれたエピオルニスの卵もある（竹島ファンタジー館提供）。

というシンプルな理由から同園をリニューアルし、貝をテーマにした「蒲郡ファンタジー館」がオープンしたのである。

五五〇〇万個を越える貝

リニューアルに際し、施設内で使われた貝がらの数は約五五〇〇万個にもおよんだ。インドネシアやメキシコなどおよそ一一〇ヶ国から回収した貝のなかには、現在絶滅してしまった種や輸入不可となってしまった種も少なくない。

これら希少種も含めた沢山の貝がらをふんだんに使用して作られた作品の多くはフィリピンで制作されたという。フィリピンには貝細工の民芸品が多く、作品づくりに長けた職人が確保できたこと、当時の社長の親族にフィリピン在住者がいたことなどがその理由だったそうだ。

だが「蒲郡ファンタジー館」は、現在の「竹島ファンタジー館」とはコンセプトが違っていた。全身が貝がらでできている艶めかしい人魚像や、ほのかなピンクの照明でライトアップされた龍宮城など、どちらかというと大人向けの内装だった。そのため、客層は蒲郡市の観光ついでに寄る高齢者やB級スポット好きのマニアが大半を占めていたようで、家族連れやカップルが来れるようなテーマパークではなかった。

一部のあいだで人気を博していたとはいえ、幅広い層に受け入れられず、ついに二〇一〇（平成二二）年の秋、建物の老朽化を理由にとり壊しが決定した。

ここで立ち上がったのが、とり壊しを聞きつけた現在のオーナー杉浦巧氏だった。大人向けの施設とはいえ、貝をテーマにした美術館は世界でも稀であり、作品に使われる貝自体の価値も高い。展示物としても見ごたえがあり、もっと多くの人に見てもらいたいとの思いで同館の経営権を購入。とり壊しの計画を中断させ、内装に手を加えると、二〇一四（平成二六）年の夏に新生「竹島ファンタジー館」を開館したのである。

杉浦氏によると、リニューアルを機にコンセプトを変更したという。

環境保護の促進をテーマに据え、より多くの人に見てもらうため、老若男女が楽しめる内容にした。そこで一部の大人向けの作品を撤去、または別の貝作品へと置き換え、照明も幻想的に見えるよう工夫を凝らしたのである。

さらに子どもが楽しめるようスタンプラリーを置いたほか、海底への冒険をテーマにしたショートムービーを設置するなど、幅広い層が楽しめる要素を増やした。

海に近いからという単純な理由から始まった貝の美術館の歴史は、「竹島ファンタジー館」として生まれ変わり、現在に至る。観光事業が盛んな蒲郡市の新たな観光スポットとして、今後の活躍に期待したいところだ。

起源がまるでわからない津島神社の三ツ石の謎を追え！

津島
つしま
TSUSHIMA

津島《つしま》線津島駅から程近い津島神社には、一つの大きな謎がある。それは「三ツ石《みついし》」と呼ばれる三つの石で、それぞれ直径三メートル、直径二メートル、直径一・四メートルの石が三角形を形づくるように、神社末社の菅原社境内に置かれているのだ。石は自然石の硬《こう》砂岩《さがん》で、表面がツルツルとなめらかなのが特徴だ。

津島神社の創建は、紀元前二四五年と伝えられ、長崎県の対馬《つしま》に降臨したスサノオノミコトが、この年に鎮座したのが始まりとされる。

平安時代末期に編纂された『尾張国内神名帳《おわりのこくないじんみょうちょう》』では「正一位《しょういちい》上　津嶋牛頭天王《ごずてんのう》」と記されているように、平安時代にはすでに由緒のある神社ととらえられていたようだ。

戦国時代には織田信長の氏神《うじがみ》として信仰され、さらに豊臣秀吉の母・大政所《おおまんどころ》によって居《い》森社《もりしゃ》が造営された。明治時代に神仏分離がなされ、津島神社の神宮寺であった宝寿院に仏像や仏具が移され、名称も牛頭天王から津島神社に名を変えている。

このように、神社の歴史については、詳しく伝えられているのだが、三ツ石についての記録は何もない。

津島市は石を「祖先の遺産」に指定しているものの、「津島神社の鎮座と何らかの関わりがあるかもしれない」とだけ説明しており、確たる由来もわからないという。

ただ、神社と同様にかなり昔から存在していたことは確かなようで、『尾張名所図会《ずえ》』の津島神社境内図にも、現在とほぼ同じような形で描かれている。

一説には、この石は古代祭礼の場とされた磐座《いわくら》、あるいは磐境《いわさか》ではないかと考えられている。磐座とは、神社が成立する以前、神が降臨すると考えられていた場所で、古代の祭礼では神は大きな岩や樹木に降臨すると考えられていた。そのため、この三ツ石も神が宿る場所として信仰されていた可能性が高いといわれている。

津島神社内にひっそりと残る三ツ石。付近の立看板に「この置き石については何も伝承がない」と記されているように、すべてが謎に包まれている（津島神社提供）。

愚痴を聞いてくれるお地蔵様を名古屋駅近くで発見！

名鉄名古屋
めいてつなごや
MEITETSU NAGOYA

名鉄名古屋駅から歩くこと一〇分程度。曹洞宗桂芳院《そうとうしゅうけいほういん》には、少し変わったお地蔵様がいらっしゃる。

その名も「愚痴聞き地蔵」といい、大きさは台座を含めて一・五メートルほど。大きな耳に片手をあて、目をつぶっているその姿は、こちらの言葉を一言一句漏らさずに聞いてくれそうだ（左ページ写真参照）。

愚痴聞き地蔵の前には腰かけが置いてあり、時間をかけてお地蔵様に愚痴を聞いてもらえるように心配りがなされている。

お地蔵様がおわすのは、境内に入って小道を進んだ奥深くで、外から見えることはまずない。また、自分が愚痴を言っている姿を他人には見られたくないという人のため、お地蔵様の周りには、サクラやツバキの木が植えられており、それがちょうど目隠しのような役目を果たしているのだ。

じつは愚痴聞き地蔵は最近、全国で少しずつ増えているという。ストレス社会のなか、

体を少し手前に傾けながら、右手を耳に添える愚痴聞き地蔵。その姿を見ると、誰もが思わず、悩みを口に出してしまいそうになるかもしれない。

相談相手を求めて需要が多くなっているあらわれかもしれない。そのなかでもここ桂芳院の愚痴聞き地蔵は起源が古いといわれている。

愚痴をあれこれ聞いてもらいすっきりしたら、お地蔵様の横にある賽銭箱へいくらかのお布施をするのを忘れずに。

なお桂芳院には、愚痴聞き地蔵以外にもお地蔵様がいる。延命息災、子育て健康、身代わり、守護水子、合格満願、厄除け、交通安全とご利《り》益《やく》ごとに地蔵像がわかれており、愚痴聞き地蔵とは別に道路に面したところに鎮座している。

第四章

地図から浮かび上がってくる路線図の不思議

なぜ瀬戸線は、ほかの路線と接続していないのか？

瀬戸線

名古屋鉄道は現在、直通運転の路線も合わせて二〇もの路線がある。そのなかで唯一ほかの名鉄線との接続をしていない盲腸のような路線が、瀬戸《せと》線である。しかも瀬戸線は、沿線の人に「瀬戸線」ではなく、なぜか「瀬戸電」と呼ばれている。

現在の瀬戸線は、名古屋市の中心である栄町《さかえまち》駅から瀬戸市の尾張《おわり》瀬戸駅を結ぶ路線だが、その前身は一九〇五（明治三八）年に瀬戸～矢田間を開業した瀬戸自動鉄道にある。

古くから窯業で繁栄してきた瀬戸では、焼き物の原料や燃料の運搬のための鉄道敷設を望む声があがっていた。ところが国鉄中央線（現在のＪＲ中央本線）が開設される際に、瀬戸はルートから外されてしまった。そこで、窯元であり実業家でもあった加藤《かとう》杢左衛門《もくざえもん》らが資金を出し合い、鉄道会社を設立。自分たちの手で路線をつくったのである。

瀬戸から世界へ

独立路線として誕生した瀬戸線は、当初の予定通り焼き物の原料や燃料を運んだり、商

せとでんと瀬戸線の路線図

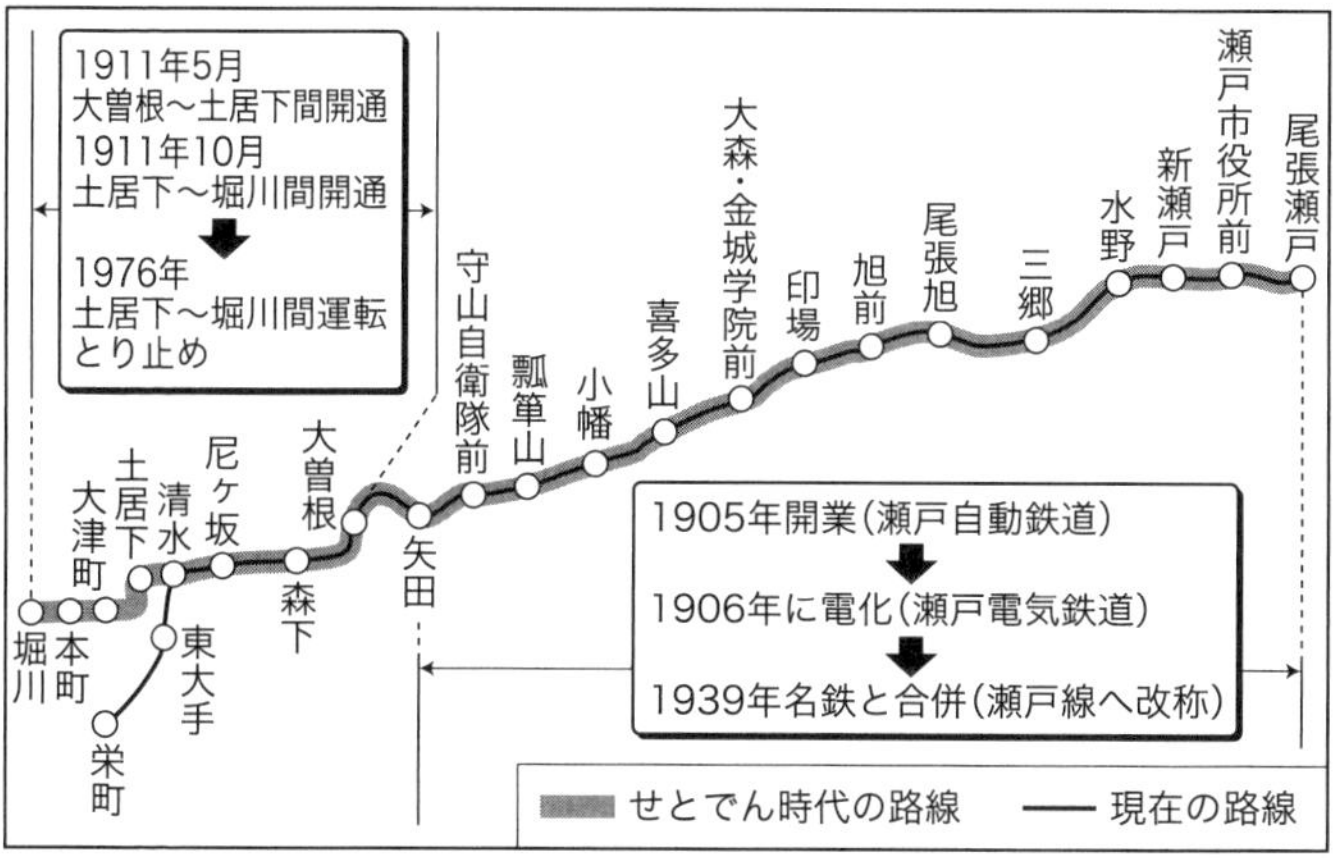

瀬戸線は瀬戸電気鉄道の時代に土居下～堀川に至るいわゆる「お堀電車」を走らせた。当時も今も、過去から現在に至るまで名古屋駅との接続はなく、単独路線として機能している。

品を出荷したりといった貨物の輸送に加え、旅客輸送も行なった。

そして開業の翌年には、路線を大曽根《おおぞね》まで延長し、社名を「瀬戸電気鉄道」に改称。まもなく電化を完了させ、一日一四往復もの運行を実現した。

やがて大曽根から土居下《どいした》を経由し、堀川《ほりかわ》まで開通すると、終点堀川では、陶器などの貨物が船に積み替えられ、全国各地だけでなく海外へと運ばれたのである。

このように地元の産業を支える動脈となった鉄道は、親しみを込めて「瀬戸電」と呼ばれるようになった。

しかし昭和に入ると、昭和恐慌をはじめとした不況のあおりを受けて、業績は悪化。一九三九（昭和一四）年には名古屋鉄道と合併し、同社瀬戸線となった。このとき、名古屋で接続させなかったのは、終点の堀川が名古屋の中心部から離れていたことなどの理由があったといわれている。

戦後の瀬戸線は貨物のとり扱いをやめ、旅客のみを運ぶことになった。

この頃の瀬戸線は、他の路線のお下がりが多く、木造車があったり、扉の開閉が手動式だったりする雑多さだった。駅の施設も古びていたが、地元の人々はそのレトロなたたずまいを愛してやまなかったという。

都会のなかのローカル線といった風情があった瀬戸線に変化があらわれたのは、昭和三〇年代のことだ。沿線が次々に開発されて宅地化が進み、名古屋市への通勤・通学者も増えた。そこで瀬戸線を名古屋本線の栄生《さこう》方面へ延長させる計画が立てられた。

このとき、地下鉄と相互直通運転をして名古屋へ接続することが検討されたが、名古屋市は市営地下鉄を単独で整備する方針をとったため、実現には至らなかった。行き先を栄に変えると、一九七八（昭和五三）年には、栄町への乗り入れを開始。ほかの名鉄路線とはかかわらず、市営地下鉄と接続される現在の路線が生まれたのである。

今後、名鉄名古屋まで延伸する予定はないのか気になるところだが、一帯はすでに地下鉄路線が多く走っており競合してしまうため、実現はなさそうだ。

名古屋近郊で三つの路線が三角形を形作るワケ

枇杷島分岐点

名古屋市の地図をよく眺めてほしい。中心部に位置する名鉄名古屋駅から豊橋方面に二つ行った東枇杷島《ひがしびわじま》駅と次の西枇杷島駅とのあいだに、三角形のような路線配置がされている謎のデルタ地帯がある（一一三ページ図参照）。

これは路線の分岐点である。分岐点とは駅と違って旅客の乗り降りや貨物の積み下ろしは行なわず、列車の行き違いや退避・分岐を実施する施設のことで、信号所とも呼ばれる。

分岐点を境に、犬山線は右に、名古屋線は左に分かれる三叉路となっており、各路線の列車は、ここで名古屋〜岐阜方面、名古屋〜犬山方面、岐阜〜犬山方面に分岐していくのだ。ただし、岐阜〜犬山方面の列車はないため、その方向の列車は、分岐点を車両の回送や方向転換などに使っている。

仕組みがわかったところで一つ疑問が生じる。前述のとおり分岐点は旅客扱いがないため、駅としての機能がない。駅に分岐点をつくればそのまま直接乗り換えができるのに、なぜ駅と駅のあいだにわざわざ分岐点を設けているのだろうか。

じつはかつての枇杷島分岐点は枇杷島橋駅として旅客営業が行なわれ、本線と犬山線を分岐していた。

それが分岐点に格下げされてしまった理由は、地形にある。

枇杷島橋駅は駅自体が分岐点と踏切にはさまれていたため、ホームの延伸ができなかった。その上勾配がきつく、庄内川側は四〇パーミル（一〇〇〇メートル進むあいだに四〇メートル上る）にもなり、一度バックして勢いをつけてから上る電車があったほどだ。そんな場所で列車の進入、進行を行なうのは至難の業であった。

使い勝手の悪さは名鉄も問題視していたが、それに加え駅で事故が発生したことで、分岐点構内の駅は危険なのではないかという声が噴出。一九四九（昭和二四）年、ついに同駅は廃止され、代わりに休止していた西枇杷島駅を復活させて今日に至ったのである。

こうして枇杷島橋駅は駅の機能を終えたが、運賃計算と信号場の役割を持たせた枇杷島分岐点として残された。現在、名古屋本線の岐阜方面と犬山線を通しで利用する場合、東枇杷島で乗り換えることになるが、運賃は分岐点経由の距離で計算される。

平面交差ゆえの問題点

ところで、この分岐点は現在大きな問題を抱えている。

枇杷島分岐点の三叉路

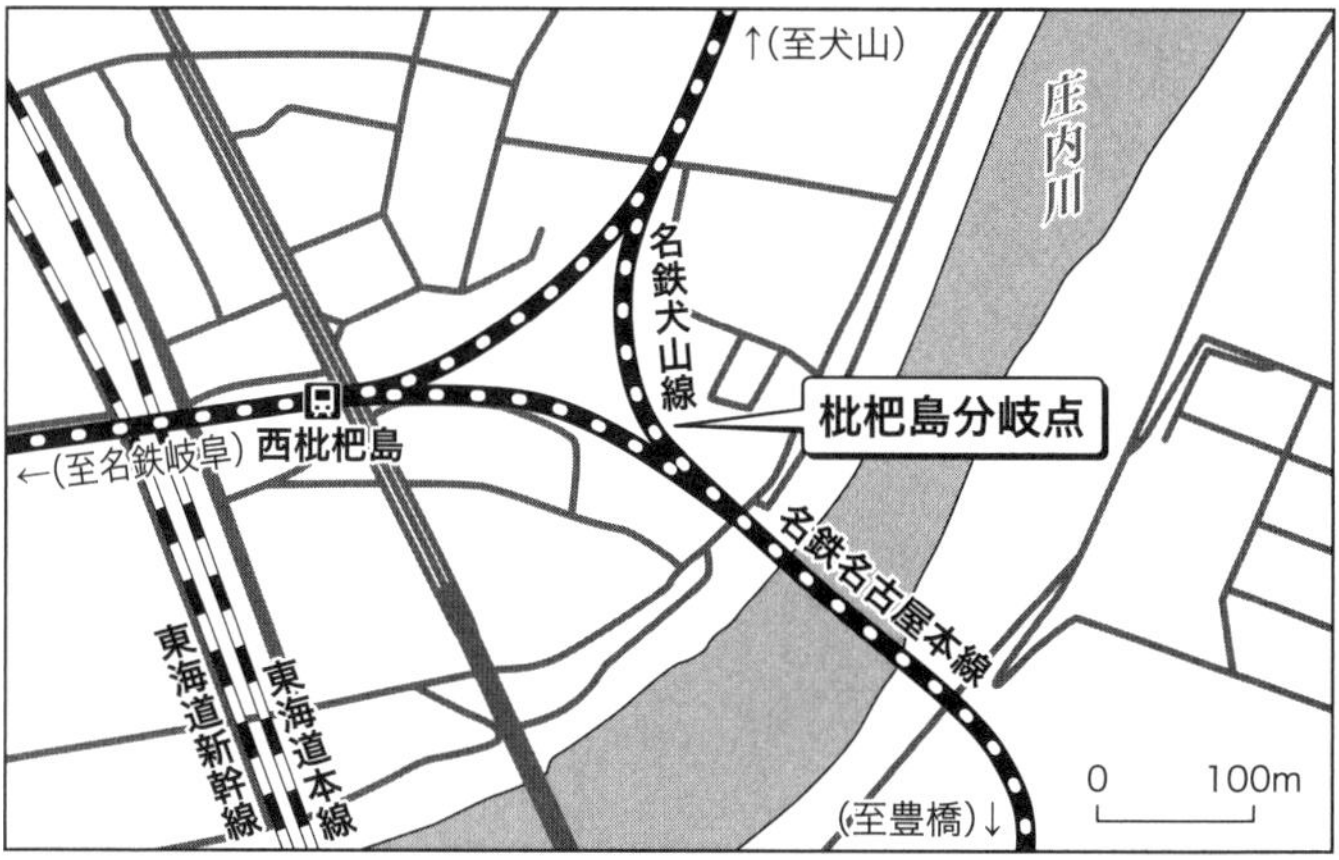

西枇杷島駅の間近にある枇杷島分岐点では、犬山線と名古屋本線を分岐する三叉路が形成されている。地図で見ると、きれいなトライアングルを描いていることがわかる。

平面交差による分岐を行なっているため、名古屋から犬山、岐阜から名古屋の路線が両方同時に進入できないのだ。同じ速度で通過できるよう両開きポイント（直線軌道から分岐線を左右に同じ角度で開いて分岐させるポイント）が用いられるが、一日五〇本もの電車が行きかう超高密度の運行区間ゆえ、列車をさばく苦労は並大抵ではない。西枇杷島駅が運行管理を担当し、ダイヤ設定を工夫しているが、幹線上の分岐ということもあり、輸送上のボトルネックになっているのは確かだ。

立体交差化の噂も一部で流れているが、近くにＪＲとの立体交差や鉄橋があること、周辺に十分なスペースがないことなどから、いまだ計画は白紙の状態とされる。

名鉄で唯一築港線で見られるスタフってナニ？

築港線

大江《おおえ》駅と東名古屋港《ひがしなごやこう》駅を結ぶ名鉄築港《ちっこう》線は、全長わずか一・五キロメートルと名鉄でもっとも短い路線である。途中駅もなく、始発の大江駅から乗り込むと、わずか三分で終点・東名古屋港駅に到着してしまう。この超ミニ路線を利用するのは、東名古屋港駅にある工場に勤める人々だ。そのため、駅のホームの時刻表に注目すると、朝と夕方の通勤時間帯はそれなりの本数がしっかり走っているものの、九時台〜一五時台までのあいだが空白となっていて「この間は運転いたしません」と明記されている。昼の時間帯は利用者がないので、完全に運休しているのである。

東名古屋港から名古屋港にかけての海岸は、三菱自動車や東レ株式会社などの工場が林立する。もともと築港線は名古屋港の東側沿岸部を臨海工業地帯にした際、その工業地帯までの運搬を目的として、愛知電気鉄道が一九二四（大正一三）年に開通させたのが始まりだ。そういう事情から、この路線には面白い特徴がある。

築港線は、名鉄唯一の通票（スタフ）閉塞区間なのだ。

じつは開通当時の築港線は、途中区間に東六号《ひがしろくごう》駅という駅が設置されており、営業キロ数は今よりも少し長い一・八キロ（一九八五年、東名古屋港駅を大江駅側に移動したこともあり、旅客の営業距離は現在の一・五キロメートルになる）だった。この頃の築港線は貨物運送が盛んで、複線も敷かれるほどだった。ところが、一九五九（昭和三四）年に伊勢湾台風の猛威にさらされ、大きな被害が出てしまう。そこで名鉄は、すでに貨物運送は下火になっていたこともあり、複線ではなく単線で復旧させたのである。

単線になった築港線での重要事項は、列車同士の衝突を避ける仕組み作りである。当たり前の話だが、一本の線上に上り・下りの列車が鉢合わせてしまえば、大事故になる。そこで常に確実に一列車しか走らないようにするために採用されたのが、通票（スタフ）である。スタフとは、通行手形のようなもので、これを持つ列車だけが路線を走ることができる。スタフは路線上に一つしか存在しないので、ルールを守れば、築港線ではかならず一列車しか走らないことになる。

ところで、東名古屋港駅には自動券売機も自動改札機もなく、完全な無人駅となっている。そのため改札業務は起点である大江駅で行なわれており、築港線専用改札が開放されるのも、その運行時間帯のみにかぎられている。

わずか一・五キロメートルながら、他では見られない魅力的な路線なのである。

名鉄の新造車両の搬入ルートはなぜか超遠回り！

名鉄全線

一般的に各鉄道会社とも、メーカーでつくられた新造車両は、レールの上を走って納品される。

レールが敷かれていないところでは、船やトラックで運ばれることもあるが、陸上輸送の場合、大きな車両が道をふさいで渋滞になってしまわないよう、比較的車の通りが少ない深夜の時間帯が選ばれている。では、名古屋鉄道の新造車両は、どのように搬入されているのだろうか。

名古屋鉄道の車両の多くは、名鉄豊川《とよかわ》線の豊川稲荷《とよかわいなり》駅にほど近い日本車輌製造の工場でつくられている。

自分たちの駅に近いところに製造工場があるので、搬入はさぞかし簡単だろうと思うかもしれない。ところが不思議なことに、名鉄の新造車両は、豊川稲荷駅を利用せず、ぐるりと遠回りをして搬入されている。

名鉄の新造車両の搬入ルート図

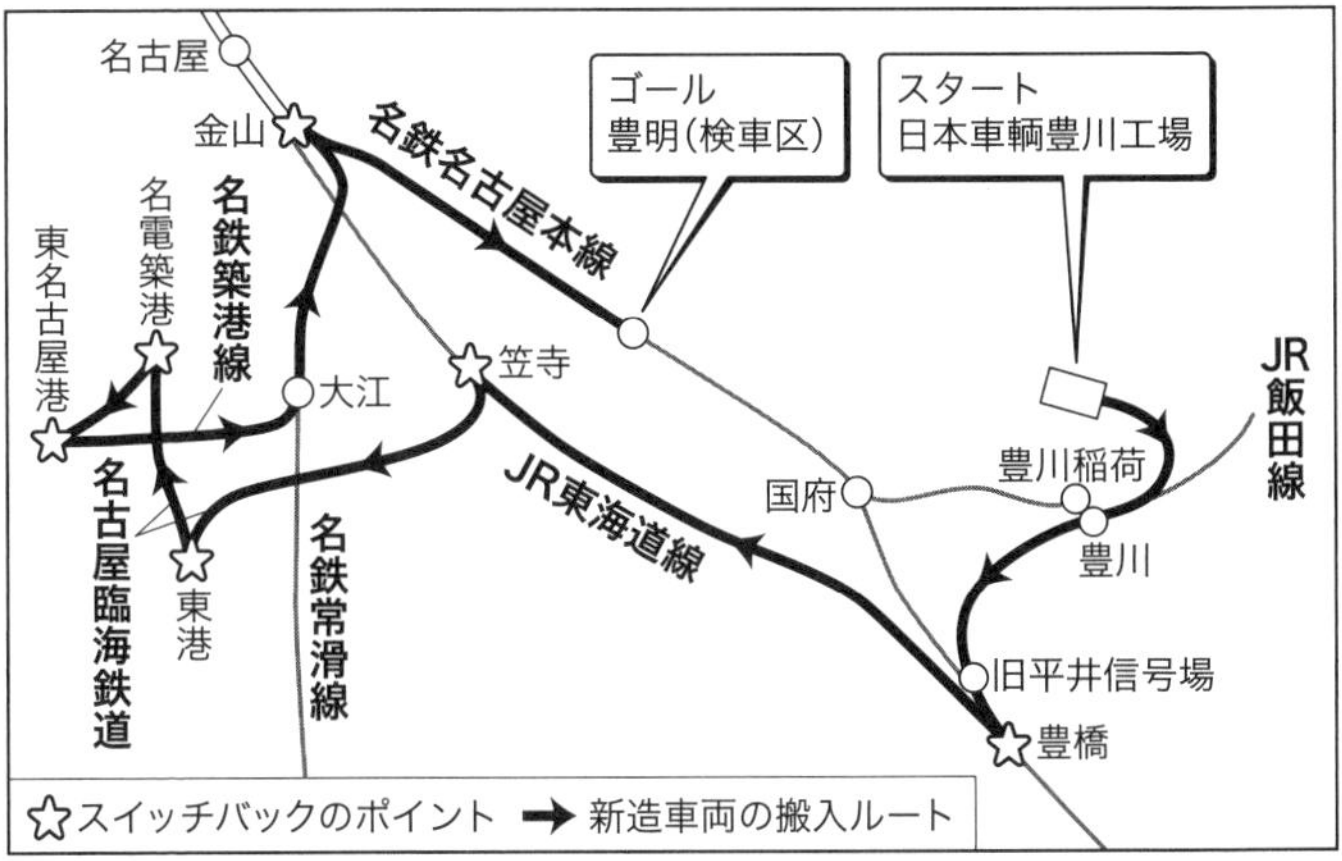

日本車輌豊川工場で新造された車両は、JR線と名古屋臨海鉄道線を乗り継いで豊明の検車区まで運ばれる。検車区での整備を終えてはじめて、各線で自走できるのだ。

回りまわって豊明へ

その新車両搬入ルートは、かなり複雑だ(上図参照)。まず工場と連絡しているJR飯田《いいだ》線を使い、豊橋《とよはし》駅まで行く。

ここからJR東海道線を使って、向かうは笠寺《かさでら》駅へ。笠寺駅からは、名古屋臨海鉄道を利用して東港《とうこう》駅を経由し、名電《めいでん》築港駅へ行く。この駅は、名古屋臨海鉄道東築線と名鉄築港線との貨物駅である。

ここでようやく名鉄の路線に入ると、名電築港駅から東名古屋港駅へ向かい、今度は築港線を使って大江駅へ。さらに常滑《とこなめ》線を使って金山《かなやま》駅へ行き、金山駅からは名鉄名古屋本線で、ようやく最終目的地である豊明《とよあけ》駅に到着するのだ。

なぜこれほど遠回りかつ面倒なルートをとらなくてはならないのか。答えは、新造車両は検車区で整備を受けずに自走してはいけないというルールがあるからだ。

日本の鉄道の場合、国の規定により、新造車両は検車区で整備を行なってはじめて自走する許可が下りる。名鉄の検車区は、豊明にあり、豊明の検車区で整備を行なうまでは、レールの上を走らせてはいるものの、自走ではなく、機関車によるけん引が行なわれているのだ。

この整備前の新造車両のことを「甲種《こうしゅ》鉄道車両」といい、いわば貨物列車のような扱いになる。

それならば工場と豊川稲荷駅のあいだに連絡線をつくり、その区間を機関車がけん引すればよいのでは、と思うところだが、そうはいかない理由があるのだ。

甲種鉄道車両は、機関車にけん引されていればどの路線でも走れるというわけではなく、名鉄の場合、甲種鉄道車両が走れるのは、築港線だけなのである。そのため、このような遠回りをして搬入せざるを得ないというわけだ。

なお、整備を終えた車両は、その後線路を経由して利用路線に向かうが、独立路線である瀬戸線にかぎり、トレーラーでのけん引による陸上輸送がとられている。

名古屋本線

ＪＲ飯田線と名鉄が線路を仲良く併用しているって本当？

ＪＲと私鉄といえば、激しいライバル関係にあるといわれる。片方がスピードアップを図れば、もう片方が運賃を安くする。すると今度はもう一方がダイヤを見直して接続をよくするなど、サービス合戦が繰り広げられている。

名鉄の路線でいえば、ＪＲ飯田線とほぼ同じ路線を走る名古屋本線があげられ、互いを少なからずライバル視しているのは間違いないだろう。

だが、この二つの線にかぎっていえば、ただのライバルといえるほど単純な関係ではないようだ。

じつはＪＲ飯田線と名鉄名古屋本線は、一部区間や駅を共用している。共用部は、豊橋《とよはし》駅から旧平井《ひらい》信号場までの三・八キロメートルの区間で、複線化されているうちの下り線レールはＪＲのもので、上り線レールが名鉄のものなのである。そのため、下り線を走るときは名鉄がＪＲのレールを借用する形になり、上り線をＪＲが走るときは、名鉄のレールを借用する形となる。

私鉄同士、手を合わせ

このような奇妙なレールの使われ方が始まったきっかけは、昭和初期にまでさかのぼる。愛知電気鉄道（名鉄の前身）が名古屋方面から豊橋駅への延長を計画したが、当時、豊橋〜旧平井信号場までの区間はすでに豊川鉄道（ＪＲ飯田線の前身）が線路を敷設していた。

すると愛知電気鉄道は、豊川鉄道の線路が単線だったことに注目。「これから我々は併走する形で路線を延長していくわけだが、互いに単線では輸送効率が悪いだろう。とはいえ、複線を敷設すると経費が二倍かかる。そこで我々が単線をつくるから、互いに乗り入れるようにしてはどうか」と申し入れたのである。

対する豊川鉄道は、国鉄になる以前の話であったことから「私鉄同士、合理化のために力を合わせましょう」と、愛知電気鉄道の提案を承諾した。

こうして線路の共有がはじまり、そのときのとり決めが、豊川鉄道がＪＲになった今も続いているというわけだ。

ただし、共用しているがための制約もある。豊橋〜旧平井信号場までの区間を二社が走行している都合上、どうしても本数が限られてしまうのである。

名古屋本線と飯田線の併用区間

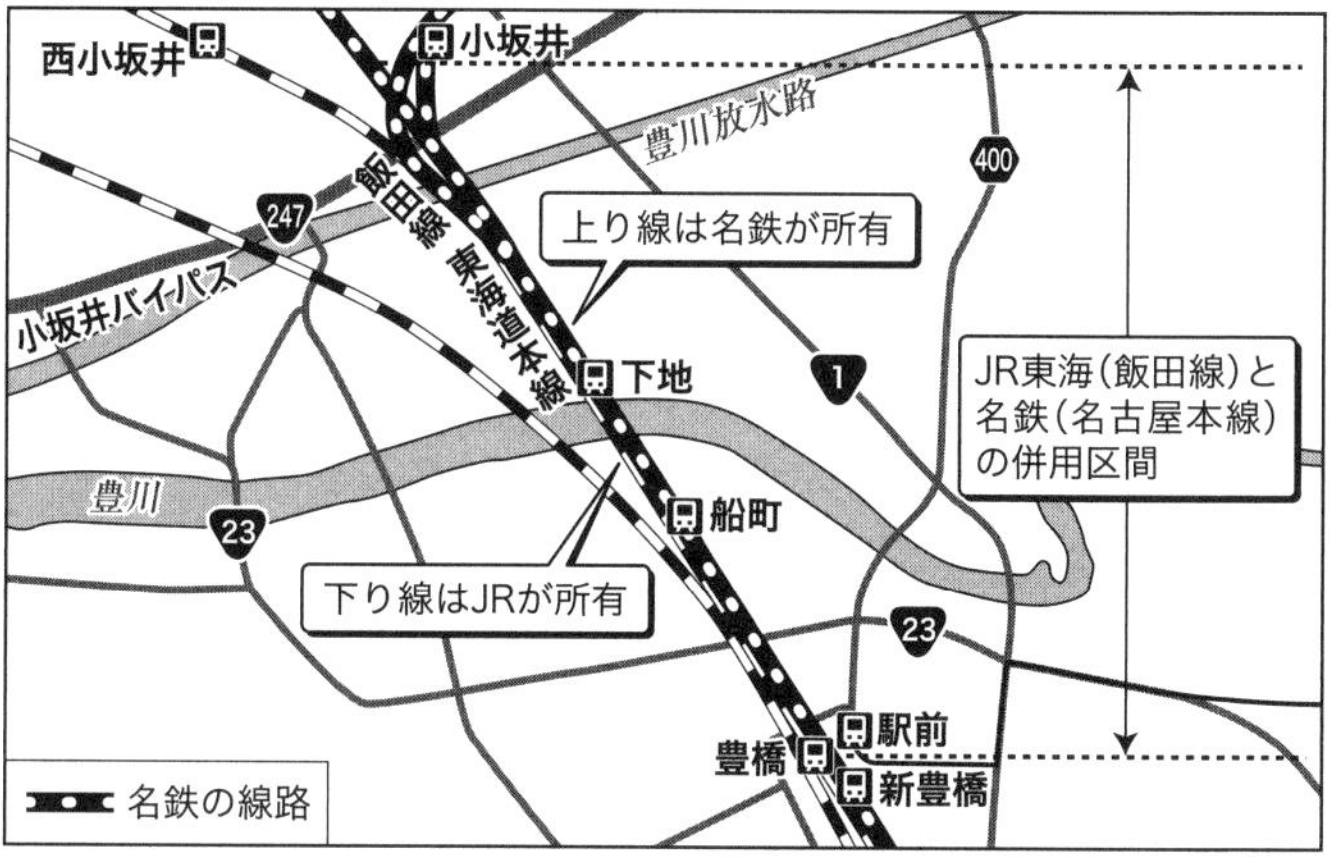

名古屋本線とJR飯田線は、小坂井の先から豊橋駅まで併走する。それも名鉄が所有する上り線とJRが所有する下り線の二つを合わせて、複線と考えている。

現在名鉄では、区間内の運転本数は一時間あたり最大六本までと定められている。そのため、豊橋駅始発の電車は快速特急や特急を多くし、普通電車は豊橋駅の一つ手前の伊《い》奈《な》駅を始発にしている。

さらに、共用は線路だけでなく、駅でも行なわれている。

名鉄の豊橋駅はＪＲが所有する豊橋駅を間借りする形となっているのだ。そして、名鉄サイドが使えるのは三番線のみ。ホームはＪＲが使っている二番線ホームと共用することと決められており、部分的に制約がかけられているのである。

また名鉄では、豊橋駅での駅業務もＪＲへ委託している。

名鉄バス大樹寺バス停からのびる細い道路はかつての軌道線跡！

岡崎市内線

※廃線

かつて日本中の都市を走っていた軌道鉄道は、車社会の到来で廃れ、今では多くが姿を消した。その姿を懐かしく思い出す人も少なくないだろう。

廃止された軌道鉄道の軌道は撤去され、今では名残すら見られないところが大半だが、よくよく観察すると、その痕跡を見つけることができる。

そんな廃線跡が、岡崎《おかざき》市にもある。岡崎市は本多《ほんだ》氏五万石の城下町で、東海道の宿場《しゅくば》・矢作川《やはぎがわ》水運の河岸の機能を持つ三河《みかわ》の中心地だった。この地に電車が通ったのは官設鉄道東海道線（現在のＪＲ東海道線）が一八八八（明治二一）九月一日に大府〜浜松間を開業させたときのことで、岡崎にも停車場がつくられた。

しかし、その停車場は岡崎の市街地から約三キロメートルも離れていたため、住民にとっては使い勝手がよくなかった。そこで一八九八（明治三一）年二月、停車場までの足として岡崎馬車鉄道が設立され、豆腐屋のようなラッパを吹きながら走る馬車鉄道は、岡崎の風物詩となった。

しかし、馬は生き物なので、走りながら排泄物を落とす。その糞害と悪臭が問題視されるようになり、同社は岡崎電気軌道に改称し、一九一二（大正元）九月一日に電化した。その後岡崎電気軌道は、一九二七（昭和二）年四月に三河鉄道と合併。一九二六（大正一五）年に愛知電気鉄道に合併され、一九四一（昭和一六）年には三河鉄道が名古屋鉄道に合併されると、大樹寺〜岡崎駅前間が名鉄岡崎市内線となったのである。

岡崎市内線は市民の足として長く親しまれたが、昭和三〇年代に入ると、モータリゼーションの促進によって経営が悪化。名鉄は岡崎市に廃止の申し入れを行なった。岡崎市は反対したが、結局、一九六二（昭和三七）年六月一七日に、岡崎市内線と岡崎市内を走っていた福岡線の全線が廃止され、名鉄バスによるバス便へと変わったのである。

その名残が、大樹寺駅のバスロータリー近くにある。バス停の先に細い生活道路が伸びているのだが、この道こそかつての軌道線跡なのだ。

岡崎市内線に限らず、このような廃線跡を見つけるには、まず地図を眺めてみるとよいだろう。幹線道路に並行する細い道路や、曲がり角が少なく専用のトンネルや橋などがある道、あまりに一直線に走っている道などは、道路として整備された廃線跡の可能性が高い。

足助に見られる架道橋は、地元民が夢見た鉄道誘致の名残！

三河線

香嵐渓《こうらんけい》で名高い豊田市足助《あすけ》を散策していると、自動車用の橋とは異なる小さな架道橋を見つけることができる。じつはこの橋は、地元の人々が努力を重ねた夢の名残なのである。

現在の三河線は碧南《へきなん》から猿投《さなげ》までを結ぶ三九・八キロメートルの路線だが、そのうち碧南～知立間は「海線」、知立～猿投間は「山線」と呼ばれ、運行系統が別になっている。

かつての三河線は、南は吉良吉田《きらよしだ》まで、北は西中金《にしなかがね》までの六四・八キロメートルという長い路線で、両線を直通する列車が運行されたほか、貨物輸送も行なわれていた。そればかりか山線は、西中金から東を目指し、足助まで線路を延ばす計画があったのである。

延伸計画を熱心に進めたのは、地元足助の住民だった。当初人々は、国鉄中央線を足助に通すべく長野県や山梨県の市町村とも連絡をとり合って誘致運動と陳情を繰り返したが、一八九三（明治二六）年、国鉄中央線が足助を通らないことが決定した。

その後足助では、複数の私鉄に鉄道敷設を働きかけたが、やはり実現はしなかった。悲嘆にくれる彼らにとっての希望となったのが、一九二八（昭和三）年に猿投～西中金間で

三河線の変化と足助延長計画

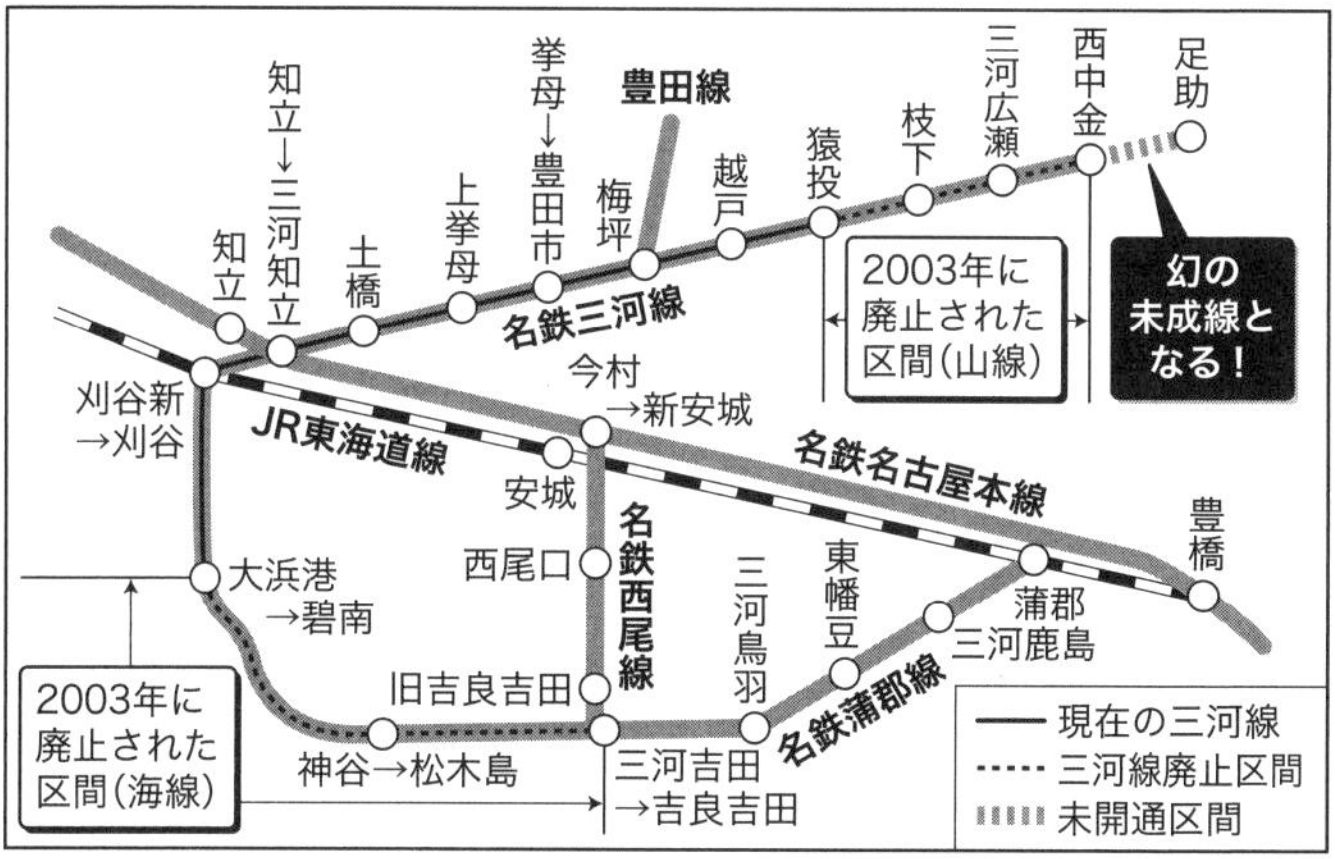

三河線はかつて、山から海までを網羅する長大な路線だった。しかし猿投～西中金の山線と大浜港～吉良吉田までの海線が廃線となり、キロ数は半分程度となった。

開通した三河鉄道だった。住民らが西中金から足助町追分《おいわけ》までの用地を買収し、路盤の整備まで行なうと、三河鉄道が動き、西中金から少し先までのレール工事が開始された。

着工されるも、まもなく中断される

ところが、その先の用地買収に難航してしまう。その上、世界的な不況から三河鉄道の経営状態が悪化し、ついに工事中断という事態に陥ったのである。

中断後の一九四一（昭和一六）年、三河鉄道が名古屋鉄道と合併して名鉄三河線となったあとも、延長の申請は続けられたが、戦後になってモータリゼーションの時代が到来し、自動車道の整備が進んだことで状況が変わる。足助でも自動車を所有する家が増加し、貨物輸送はトラックで行なわれるようになった。旅客と貨物の両方で鉄道利用が見込めなくなり、一九五八（昭和三三）年、名鉄は足助延長を断念したのである。

足助住民の最後のチャンスと思われたのが、一九七九（昭和五四）年の豊田線開通だった。猿投駅に検車区や車庫が新設されたのをきっかけに鉄道敷設の要望が再燃したのである。その頃日本は豊かになり、香嵐渓《こうらんけい》への行楽客が増えていた。自動車道の渋滞がひどく、その解消のため、香嵐渓までの鉄道誘致が持ち上がり、署名運動が始まったのである。

しかし、自動車社会に慣れた住民たちのあいだで運動は盛り上がらず、これも実現には至らなかった。それどころか、三河線北端の西中金〜猿投と、南端の碧南〜吉良吉田は、利用客が少ないことから電車運転を廃止。レールバスが導入されることになった。利用者には通学客が多く、地元の自治体が赤字を補填するなどの措置もとられたが、二〇〇四（平成一六）年にはどちらも廃線となってしまった。

冒頭に紹介した架道橋をはじめ、足助では、鉄道のために整備された橋や道が今も数多く残されている。それらは車道とのあいだにグリーンベルトを挟んだ歩道や自転車道に姿を変え、幻に終わった鉄道の名残として利用されているのである。

県が三河線に公費を投入してまで支援する納得の理由

三河線

豊田市といえば、ご存じ、日本が世界に誇る自動車メーカー「トヨタ」の本拠地だ。だからというわけではないだろうが、豊田市は自動車のアクセスが非常によい反面、鉄道の利便性はあまりよくない。比較してみれば、豊田市と名古屋市の距離は三〇キロメートルしか離れていないが、車なら高速道路を使って四〇分程度で着くところ、鉄道を使うと約一時間もかかってしまう。名古屋駅から同じ三〇キロ圏内に位置する岐阜県大垣《おおがき》市が三二分、三重県四日市《よっかいち》市が四四分なのに比べると、時間距離が長いのは確かだ。

財政力のある豊田市と名古屋市をもっと近い距離に結びつけるため、愛知県が乗り出したのが鉄道による利便性強化だった。それも名鉄三河線に公費を投入して複線化を進め、両市間を四〇分圏内にすべしというのである。

自治体が大手鉄道会社の複線化に公費投入を行なうケースは全国的にも珍しいが、これには二〇二七年に開通予定のリニア中央新幹線が大きく関係している。

リニア中央新幹線が開通すれば、豊田市と東京方面のあいだでトヨタ関係者らの行き来が頻繁になると見込み、鉄道によるアクセスの改善で、人の流れをより円滑化しようと考えたのだ。

早期実現が望まれる高架複線化

名古屋市と豊田市との鉄道アクセス強化のために、愛知県では有識者や鉄道事業者でつくる検討会議を開き、四〇分で結ぶための施策を検討。そこで候補となったのが、名鉄名古屋本線と三河線を使う「三河線ルート」、JR中央本線と愛知環状鉄道を使う「愛環ルート」、名古屋市営地下鉄と名鉄豊田線を使う「豊田線ルート」の三経路である。結果、実現性が高いとして三河線ルートが採用されることになった。

現在の三河線ルートで名古屋市から豊田市に向かう場合、名古屋本線で知立駅へ行き、三河線に乗り換えて豊田市駅へと向かう。このうち、名古屋から知立までは特急で二〇分程度だが、大きなロスとなるのが、以降の三河線だ。

ロスの原因は、三河線の大半が単線区間で、すべての電車が各駅停車となっているからである。三河線に追い越しなどに必要な複線をつくり、特急列車を走らせようという計画が立てられたのである。

名鉄では、以前から三河線を段階的に複線化する準備を進めてきたものの、膨大な費用

豊田市〜名古屋市間のアクセスの違い

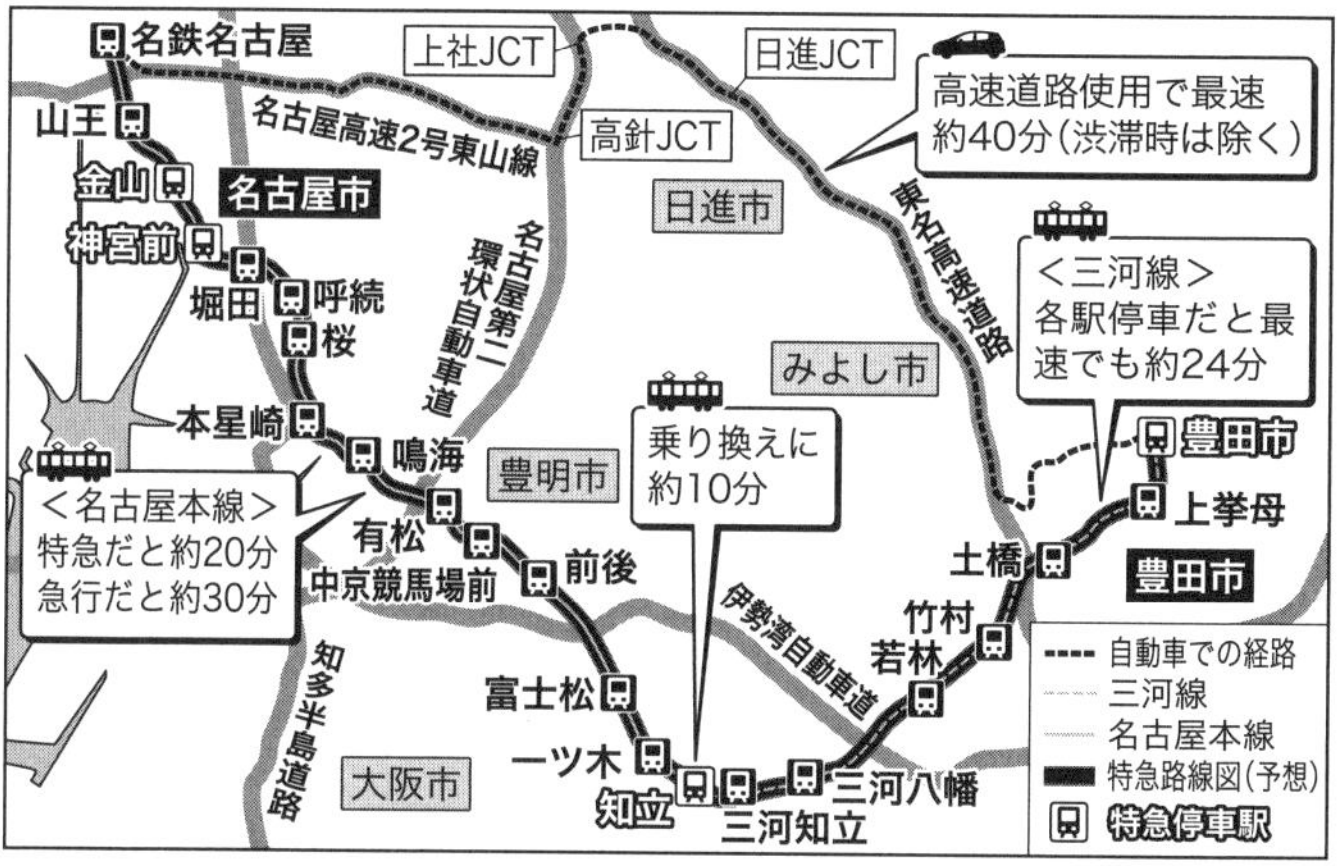

東名高速と名古屋高速を使う自動車ルートと名鉄三河線と名鉄名古屋本線を乗り継ぐ電車ルートでは、到着までの時間におよそ20分もの差が出る。

を投じて複線化したところで、需要が二倍、三倍に増える見込みはなく、投資負担をできる限り抑えたいと考えていた。そこで愛知県は、名鉄の全額負担は厳しいだろうと、公費投入を検討したというわけだ。

豊田市でも、名古屋市へのアクセス強化は最優先課題だと考え、同市南部の若林《わかばやし》駅を挟む二・三キロメートルの区間を高架化する計画を進め、総事業費約二一三億円をかけた工事に着手する計画である。また、トヨタ自動車本社に近い土橋《つちはし》駅周辺では、市が大規模な土地区画整理事業を実施。およそ三六一億円をかけて周辺の宅地整備や踏切の跨線橋化などを行なう予定だ。

県が総力をあげてバックアップする名鉄三河線は今、転換期を迎えている。

JRと同じ「豊川」駅としなかった「豊川稲荷」駅の事情

豊川稲荷
とよかわいなり
TOYOKAWAINARI

日本三大稲荷の一つに数えられる豊川稲荷は、正式には円福山豊川閣妙厳寺《えんぷくさんとよかわかくみょうごんじ》という。お稲荷さんといえば神社というイメージだが、ここは曹洞宗《そうとうしゅう》の寺。一四二一（嘉吉《かきつ》元）年に千手観音を本尊とし、東海義易《とうかいぎえき》によって開基された。「稲荷」と呼ばれるのは、山門の守護として稲荷神の本地仏で荼枳尼天《だきにてん》が祀られているためだ。

戦国時代には、今川義元《いまがわよしもと》が堂塔を造営して寺領を寄進し、織田信長《おだのぶなが》や豊臣秀吉《とよとみひでよし》などの崇敬を集めた。関ヶ原の戦いに先立っては徳川家康が戦勝祈願したことでも知られ、勝利をおさめたあとには寺領も寄進している。

現在、豊川稲荷の表玄関とされるのが、名鉄豊川線の豊川稲荷駅と、JR飯田線の豊川駅だ。二つの駅は隣接しており、駅のあいだは屋根のある通路で結ばれている。いわば典型的な乗り換え駅である。普通なら乗り換え駅とわかりやすいように駅の名を統一するところが多いが、なぜそうしなかったのか。

JRの豊川駅はJR飯田線の駅である。飯田線は東海道本線の豊橋と中央本線の辰野《たつの》を結ぶ延長一九五・八キロメートルのローカル線だ。豊川駅が開業したのは一八九七（明治三〇）年と古く、豊川稲荷への参拝客の乗降駅としてつくられた。

一方の名鉄豊川線豊川稲荷駅は後発で、一九五四（昭和二九）年に開業している。当時の駅名は、JR豊川駅を受けて「新豊川」という名前だった。それが開業後まもなく、「豊川稲荷駅」に改称されたのである。

改称の理由は、豊川稲荷駅の一つ手前、約一・二キロメートルにある駅にあった。その駅の名は「稲荷口《いなりぐち》駅」。その名前から参拝客が間違えて降りてしまうというトラブルが起きたのである。まぎらわしい名前となったのは、もともと名鉄豊川線が、一九五四（昭和二九）年一二月まで国府《こう》駅を起点とし、稲荷口駅を終点とする豊川市内線という路線だったためだ。当時はもっとも妙厳寺に近いため「稲荷口」の名前をつけていたのだが、延長によって、より近い駅ができてしまった。

たしかに新豊川駅と稲荷口駅の名前だけを聞けば、稲荷口駅のほうが豊川稲荷に近いと感じてしまうのも無理はない。うっかり間違えてしまう人は少なくなかったようだ。

そこで名鉄は、新豊川駅という抽象的な名前から、「豊川稲荷駅」というわかりやすいネーミングに改称。結果、豊川稲荷の最寄り駅であることはわかりやすいが、JR豊川駅と名前に隔たりが生じ、乗り換え駅としてはわかりづらくなってしまったのである。

観光と通勤を兼任する犬山線は名古屋本線につぐ「ドル箱路線」

犬山線

名鉄名古屋駅を起点とし、枇杷島分岐点を経て新鵜沼《しんうぬま》駅に至る犬山線は、名古屋方面から愛知県犬山市を介し、岐阜県各務原市までをつなぐ路線である。

犬山線は、一九一二（大正元）年八月六日に一宮《いちのみや》線（現在は廃線）とともに開通し、名鉄の郊外鉄道の礎《いしずえ》として古くから盛んに沿線開発が行なわれてきた。

ドイツのライン川の景観を彷彿とさせる「日本ライン」峡谷の川下りの起点・土田《つちだ》をライン遊園と命名したのを手始めに、大正末期には犬山城近くに遊園地（犬山遊園）を造り、家族連れを呼び込んだ。

戦後は、犬山の丘陵に明治時代の建築を保存し、展示する野外博物館「明治村」の開村に出資したほか、世界最多種の猿を集めた遊園地「日本モンキーパーク」、世界各地の伝統的家屋を移築・復元し野外展示する民族学博物館「リトルワールド」などを次々と建設。沿線を一大行楽地へと変貌させていくと、犬山線は、行楽客を運ぶ観光路線としておおいに利用されたのである。

近年の犬山線は、観光路線という特徴に加え、新たな側面が生まれている。市営地下鉄鶴舞《つるまい》線との相互直通運転の開始にともない、平日は名古屋都市圏への通勤・通学路線として活躍の場を広げることになったのだ。しかも、名古屋市と愛知県北部を結ぶ競合路線は存在しない。沿線の通勤は犬山線の独断場となり、現在の犬山線は、名古屋本線に次ぐ「ドル箱路線」と呼ばれ、名鉄を支える屋台骨となっている。

さらに最近の犬山線は、名鉄主導で開発した観光地とは別に、とある観光スポットへの足としても脚光を浴びているという。その観光スポットとは、犬山線布袋《ほてい》駅の北に鎮座する「布袋大仏」だ。布袋大仏は高さ一八メートルにもなる巨大仏で、犬山線に乗車していると、車窓に大仏の顔だけが現れる。まぶたははれぼったく、今にもとじそうな細い目に大きな鼻とかなり個性的な顔をしており、そのインパクトは相当なものだ。また、布袋大仏は寺院ではなく住宅街の一画の一般道の脇に鎮座しているのだが、大仏の背中は建物とつながっており、その一階は「大佛治療院」という名の診療所となっている。

なぜこんなところに大仏がと不思議に思う人がいるかもしれない。じつは布袋大仏は、一九五四(昭和二九)年に当地出身者が、夢のお告げを受けて建立した私設の大仏なのだ。鍼灸院を営んでいた前田秀信氏は、夢に導かれるようにして土地を整え、手作業でコンクリートを練るなどして、五年をかけて大仏を仕上げたという。

完成から半世紀経つ今も、地元有志によるお色直しが行なわれており、新品同様。桜の花見シーズンなどにはライトアップで場を盛り上げており、この個性派大仏を見ようと布袋駅で降りる人が増加しているのだそうだ。

二〇一二（平成二四）年には開通一〇〇周年を迎え記念式典も行なわれた犬山線。これからも同地区の通勤・通学だけでなく、観光路線として活躍していくのは間違いない。

第五章

駅員さんに聞きたくなる！名古屋鉄道の秘密

名鉄は複数の中小鉄道会社からなる路線だった！

名鉄全線

名古屋鉄道は、大手私鉄のなかでも近畿日本鉄道の五〇八・一キロメートル、東武鉄道の四六三・三キロメートルに次ぐ全国で三番目に長い路線を誇る。

だがこれは現在の話であり、誕生したばかりの頃の営業距離数はわずか二・一三キロメートルの小さな路線にすぎなかった。

そんな小さな鉄道が、大手私鉄第三位の営業キロ数を誇る大鉄道へと成長できたのは、小さな鉄道会社をいくつも合併してきた結果である。

この手法は、東京圏や大阪圏のような大都市を走る私鉄とは趣を異にしている。大都市の私鉄の場合は、一つの私鉄に複数の資本を入れることで拡大していったが、名古屋の場合は、会社が複数あるなか、最終的に名鉄一本に集約されたところに特徴がある。

同社の創業は一八九四（明治二七）年、「愛知馬車鉄道」の名で、笹島《ささしま》（名古屋）と県庁前を結ぶ路面電車としてスタートした。しかし、実際に馬車が走ることはなく、日本初の電車営業を成功させた京都電気鉄道の協力もあって、電気鉄道へと変更し、社名を「名

新名古屋鉄道発足時の中京鉄道網

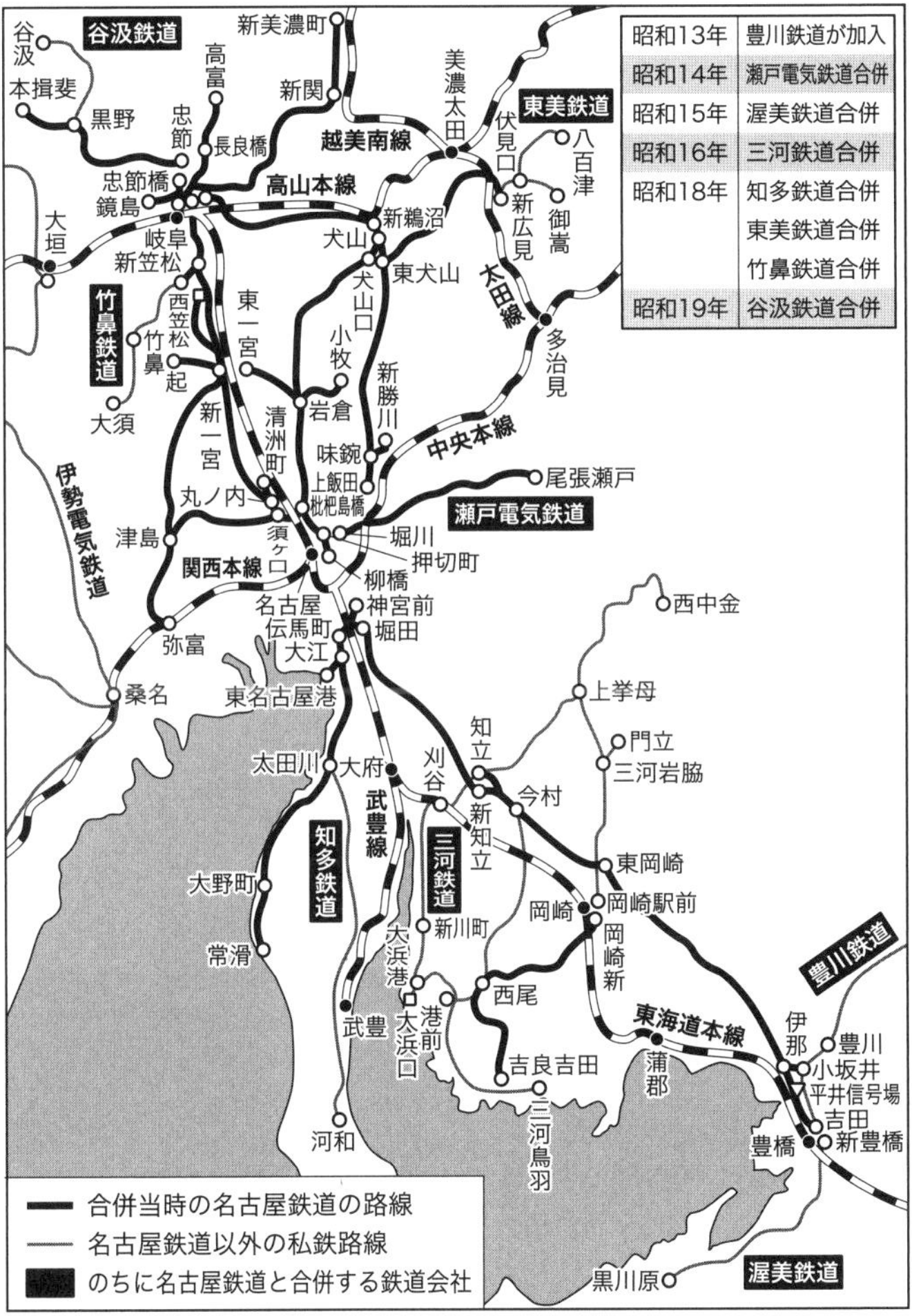

昭和13年	豊川鉄道が加入
昭和14年	瀬戸電気鉄道合併
昭和15年	渥美鉄道合併
昭和16年	三河鉄道合併
昭和18年	知多鉄道合併
	東美鉄道合併
	竹鼻鉄道合併
昭和19年	谷汲鉄道合併

名岐鉄道と愛知電気鉄道が合併し、新たに名古屋鉄道が発足した当時、瀬戸電気鉄道や渥美鉄道は別の鉄道会社だった。それも昭和１０年代に合併され、現在の名古屋鉄道とほぼ同じ規模となった。

古屋電気鉄道」と改めた。一八九六（明治二九）年のことで、その二年後に営業を開始している。

大正時代になると、各地で中小私鉄の鉄道会社が誕生し、これがのちに名鉄を大手私鉄に発展させる礎《いしずえ》となった。

名古屋市内に路面電車を走らせていた名古屋電気鉄道は、市民から市内線の運賃が割高だとの苦情を受け、一九二二（大正一一）年に市内線を名古屋市へ譲渡。それにともない、社名を名古屋鉄道（初代）と改めている。

稼ぎ頭の市内線を手放した名古屋鉄道が活路として見出したのが郊外線だった。郊外から市内へとつなぐ路線を開拓することで、生き残ろうとしたのだ。

西へ延伸した「名岐鉄道」、東へ延伸した「愛知電鉄」

名古屋鉄道が活路を見出したのは岐阜方面への鉄道路線で、一九二八（昭和三）年、西清洲《きよす》～国府宮《こうのみや》間を開通させた。

名古屋鉄道が岐阜方面への路線を拡大させることができたのは、一九三〇（昭和五）年の美濃電気軌道との合併があったからだ。美濃電気軌道は岐阜市を中心にした路線網を持っており、これを一体化することで、名古屋と岐阜を結ぶ路線が誕生したのである。それにともない、社名を「名岐《めいぎ》鉄道」に変更した。

ちょうど同じ頃、名古屋を中心として三河方面の郊外線を拡張していたのが愛知電気鉄道（通称・愛電）だった。愛電もまた名古屋鉄道と同じように、東海道電気鉄道、西尾《にしお》鉄道を合併することで、東へと路線を拡大していった。

この二つの鉄道会社が飛躍を遂げたのが、一九三五（昭和一〇）年。ほぼ並走する旧国鉄の東海道本線に対抗するため、合併したことによる。

まさに東西の両横綱が手を結んだようなもので、現在の社名となる「名古屋鉄道」はこのとき誕生した。

対等合併が実現したのは、両社ともに名古屋駅への乗り入れを必須だと考えており、その実現には一社では難しいと判断したからではないかといわれている。そして、合併の六年後、ついに名古屋中心部に、念願の新名古屋駅（現在の名鉄名古屋駅）を開業した。

大きな一本軸を手に入れた名鉄は、瀬戸《せと》電気鉄道や三河《みかわ》鉄道、知多《ちた》鉄道などを合併していき、地域住民の足としての機能を手にいれた。

こうして一九四四（昭和一九）年までに、ほぼ現在の路線網の基礎ができ上がったのである。

現在の名古屋地下鉄の基礎をつくったのはじつは名鉄

名古屋にはじめて地下鉄が走ったのは、一九五七（昭和三二）年一一月一五日。この日、名古屋～栄町《さかえまち》（現在の栄駅）間二・四キロメートルの東山《ひがしやま》線が開業した。東京・大阪に次ぐ日本で三番目の地下鉄だった。

二番目に開業した地下鉄路線は一九六五（昭和四〇）年一〇月開通の名城《めいじょう》線で、その後、名港《めいこう》線、鶴舞《つるまい》線、桜通《さくらどおり》線、上飯田《かみいいだ》線（いずれも現在の名称）、さらに路線延長などが行なわれ、現在では六路線九三・三キロメートルが名古屋市営交通局によって運行されている。

名古屋の地下鉄開通は、戦後一二年を経て実現したわけだが、それよりもずっと昔、大正時代にすでに地下鉄計画があったことを知る人は少ない。それも計画を考えていたのが名古屋鉄道（現在の名鉄）というのだから驚きである。

名鉄が目指した地下鉄

名古屋鉄道は、名古屋で最初に市街電車を走らせた会社で、前項で触れたように、その歴史は一八九四（明治二七）年六月二五日、愛知馬車鉄道の設立にはじまる。翌年四月に電気鉄道に変更する届出をして承認され、一八九六（明治二九）年に名称を名古屋電気鉄道に変更。一八九八（明治三一）年五月に笹島〜県庁前（久屋町）間の市街電車を開業したのが実質的なはじまりといえる。

そもそも馬車鉄道として発足したのは、当時は電気鉄道がない時代で、敷設認可の出願先が決まらなかったためであるという。電気鉄道では通信省や鉄道省で受けつけてもらえず、仕方なく馬車鉄道に切り替えて出願したというわけだ。

名古屋地下鉄道計画路線図（昭和4年）

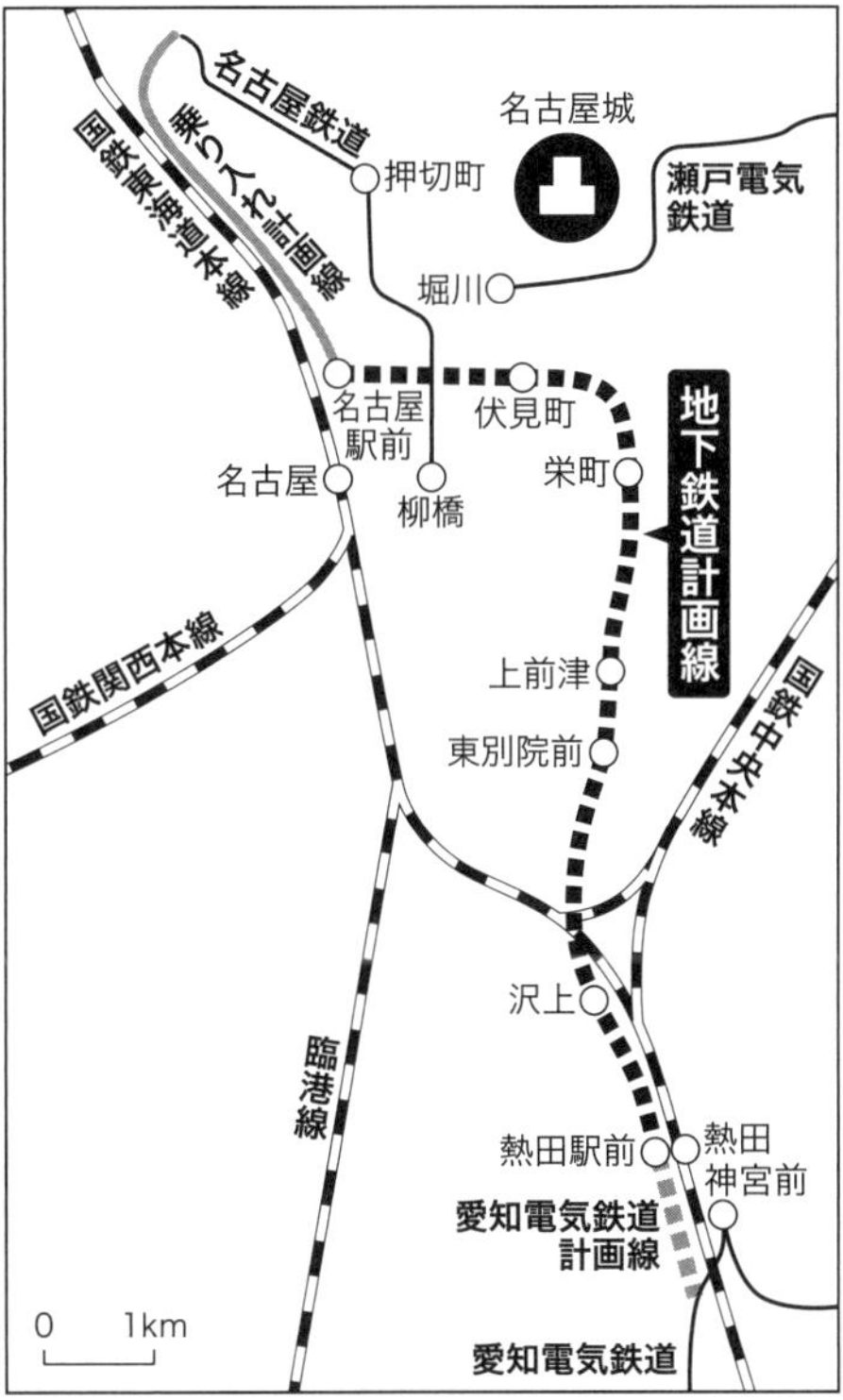

名古屋鉄道は、大正時代と昭和初期の二度にわたり、地下鉄道敷設を計画していた。しかしいずれも実現せず、名古屋の地下鉄は市営で成立することとなった。

名古屋電気鉄道が郊外鉄道の建設を開始し、市街線区間で運賃値上げが起こると、不満を持った市民による車両焼き打ち事件が勃発。路面電車区間は市営化され、名古屋市内に縦横の路線が敷かれたが、それでも輸送力不足が続いた。

そこで、名古屋電気鉄道が計画したのが地下鉄だった。一九一九（大正八）年に、名古屋郊外循環鉄道と名古屋横断鉄道の名で申請を行なうと、翌年には東西線、南北線の地下鉄道の免許を申請したのである。この東西線と南北線の計画路線は、現在の東山線と名城線とほぼ同じルートだった。

この申請は「他社が申請する前に申請しておいて、地下鉄道の建設が具現化したときに権利を主張するものだろう」と判断され、認可は下りなかった。そして一九二六（大正一五）年一〇月に再び地下鉄道建設計画を立てて免許申請を行なっている。だがこの申請についても、工事規模からみて資本が貧弱だとして認可されずに終わっている。

さらに一九二九（昭和四）年一月には、友好関係にあった愛知電気鉄道と合同で名古屋地下鉄道という会社を興し、栄町経由の名古屋駅前〜熱田駅前間を結ぶ地下鉄を計画して免許申請を行なった（一四一ページ図参照）。

結局この申請についても、その後の経済情勢が急速に悪化し、資本調達が困難となったため、実現には結びついていない。

名鉄のライバルはＪＲではなく自動車!?

名鉄全線

全国どこの鉄道路線でも、私鉄にとって一番のライバルはＪＲである。ＪＲの総合力に対して、私鉄は地域に根ざしたダイヤ改正や独自の戦略で対抗している場合が多い。名鉄でいえば、四章でとり上げた名古屋本線とＪＲ東海道線の関係が頭に浮かぶ。

ところが、「名鉄の真のライバルはＪＲ東海ではない」という声がある。

名古屋鉄道は営業路線キロ数四四四・二キロメートルと、路線の長さでは近畿日本鉄道、東武鉄道に次ぐ、大手民鉄第三位。

愛知県全域と岐阜県南部をほぼ独占しており、その地位は盤石といっていい。にもかかわらず、ＪＲ以上に強力なライバルを前に苦戦を強いられているという。

その強力なライバルとは、マイカーである。

データ上ではマイカーの圧勝

名鉄が走る中京圏は、マイカーを使う比率が圧倒的に多い。二〇〇九（平成二一）年度の「都市交通年報」に掲載された輸送期間別旅客輸送人員分担率のデータで、各都市圏を比べてみよう。

　まず公共機関がもっとも発達しており、人も多い「首都圏」では、鉄道の五九・五パーセントに対し、自動車（バス、タクシー除く）が三一・九パーセントだった。つまり、首都圏では、自動車を使って移動する人よりも、鉄道を使って移動している人のほうが多い。

　次に「京阪神圏」を見てみると、鉄道が四八・五パーセントになり、首都圏に比べ一〇ポイントも下がる。とはいえ、自動車の利用率は四一・九パーセントで、自動車を使う人と鉄道を使う人の割合は拮抗しているといえる。

　では「中京圏」はというと、鉄道と自動車の割合が極端に変わる。鉄道の二一・五パーセントに対し、自動車は七三・四パーセント。概算して一〇人のうち約八人がマイカーを使っていることになる。中京圏における自動車の強さが見てとれる。

　自動車王国とされる中京圏において、とくに名古屋市にある「久屋大通《ひさやおおどおり》」と「若宮大通《わかみやおおどおり》」は、その象徴の一つに数えられるだろう。この二つの道路は、通称「一〇〇メートル道路」といい、幅が一〇〇メートルもある。

　一〇〇メートル道路は、太平洋戦争の復興に際し、当時の名古屋市長はじめ関係者が「将来日本は、車社会になる」という確信のもとにつくられたものだ。当時、この道路の

三大都市圏における交通の分担率

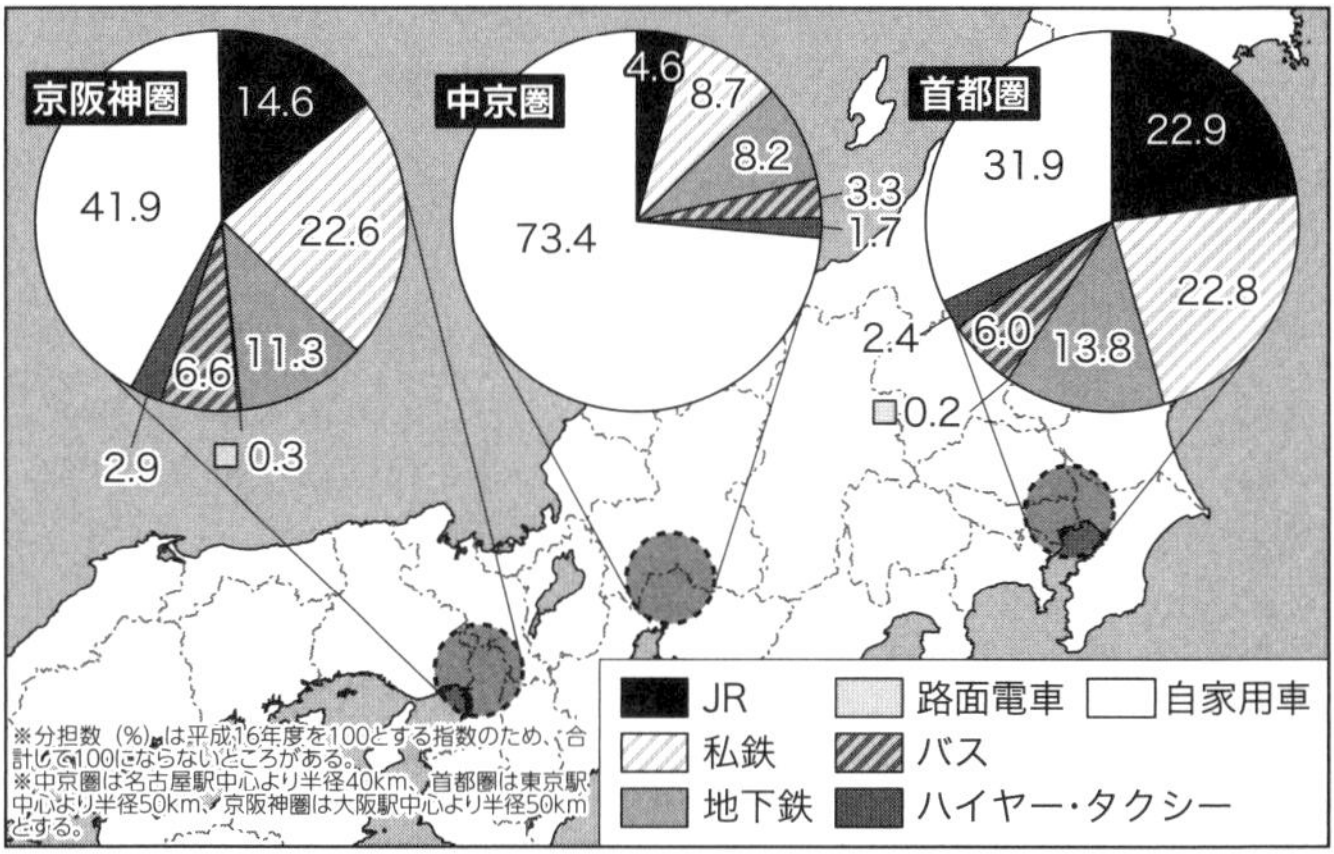

首都圏・中京圏・京阪神権の交通移動手段の比率をグラフ化すると、上図のようになる。中京圏のマイカー利用率が突出していることは、明らかだ。

有用性は理解されなかったが、彼らの予想は当たり、日本そして名古屋にはモータリゼーションの波が押し寄せた。結果的に名古屋のマイカー文化のシンボルとして今日に至る。

また、世界トップクラスの販売台数と営業利益を誇る巨大自動車メーカー・トヨタのお膝元であることも関係している。

豊田市にあるトヨタの社員のうち、鉄道を利用する人は稀で、ほとんどの社員がマイカー通勤かバス通勤をしているという。実際に、トヨタ本社の最寄り駅となっている名鉄土橋《つちはし》駅は、名鉄全駅の乗降客数で五〇位にも入っていない。

マイカーという目には見えない大きな敵を前に、名鉄の次の一手が注目される。

名鉄の軌道が一四三五㎜ではなく一〇六七㎜になったワケ

名鉄全線

日本の鉄道のレール幅は一定ではなく、さまざまなタイプがあることをご存じだろうか。レール幅には、大きく分けて広軌《こうき》、標準軌、狭軌《きょうき》の三つがある。一四三五ミリメートルを標準軌とし、それよりも広いものが広軌、狭いものが狭軌とされ、日本には七六二ミリメートル、一〇六七ミリメートル、一三七二メートル、一四三五ミリメートルの四タイプが存在している。

一番多いのは一〇六七ミリメートルの狭軌で、日本で最初に鉄道を走らせたＪＲ（旧国鉄）をはじめ、名鉄もこのタイプを採用している。しかし、新幹線をはじめ阪急《はんきゅう》や阪神、京阪《けいはん》、近鉄などの関西のおもな私鉄や大阪地下鉄、名古屋地下鉄も一四三五ミリメートルの標準軌を採用している。

そもそも日本に狭軌が多いのは、イギリスの鉄道が関係している。はじめて国産の鉄道を建設する際、海外の指導を仰いだ日本に対し、イギリスは狭軌を勧め、フランスは標準軌を勧めた。国内ではどちらを採用するかで論争が起きたが、島国で土地が狭いこと、山が多いことなどの理由から、結局はイギリス式が採用された。

こうして官営鉄道が狭軌でスタートし、日本の基準となったわけである。

しかし狭軌は、コンパクトで建設費も安く済むが、レール幅の狭さから安定性や輸送力で標準軌に劣る。のちの新幹線開発時には、高速走行を安定させるため、幅が広い標準軌のほうが都合がよいとの判断から標準軌が採用された。

そして関西の私鉄に標準軌が多いのは、国鉄と競合して走る路線が多く、輸送力が求められたからだ。

では、なぜ名鉄は標準軌にしなかったのか。じつは、名古屋鉄道の電車は日本初の電車として知られる京都電気鉄道を手本としている。名古屋の市内電車より三年早く開業した京都電気鉄道は狭軌を採用しており、それを模範としたために狭軌が採用されたのだ。さらに名鉄の場合は、開業当時から当時の国鉄との相互乗り入れを予定していたので、国鉄のレール幅に合わせて狭軌がよいだろうと考えていたようだ。

名鉄が狭軌になったのは、いわば私鉄の黎明期に開業したからといえるが、これは先見の明であったかもしれない。市内電車としてはじまった名古屋鉄道は、その後多くの路線と合併し会社を大きくしてきたが、それらの鉄道会社の多くはやはり狭軌を採用していた。狭軌にしていたことが、大きく路線を伸ばす結果につながったともいえるだろう。

名鉄グループ

東京モノレールは、名鉄の技術の結晶だった

二〇〇八（平成二〇）一二月二八日、名鉄モンキーパークモノレール線が長い歴史に幕を下ろした。名鉄モンキーパークモノレール線が開業したのは一九六二（昭和三七）年三月二一日。多種多様な猿が飼育される動物園と遊園地が融合した「日本モンキーパーク」への交通の足として開業（当時はラインパークモノレール線）して以来、四六年ものあいだ乗客を運び続けた。

名鉄モンキーパークモノレール線は、「日立アルヴェーグ式」と呼ばれる跨座《こざ》式モノレールで、レールの上を空気の入ったゴムタイヤで走行していた。そしてこの方式は東京の浜松町《はままつちょう》と羽田空港を繋ぐ東京モノレールでも採用されている。

ということは、名鉄モンキーパークモノレール線は、東京モノレールの技術を受け継いだのかと思うかもしれない。

だが、さにあらず。東京モノレールの開業は一九六四（昭和三九）年と、名鉄モンキーパークモノレールの開業から二年後で、じつは東京モノレールこそ名鉄モンキーパークモ

名鉄モンキーパークモノレール線跡。２００８年まで犬山遊園～日本モンキーパーク動物園までを結ぶ路線として機能していた。国内でのアルヴェーグ式モノレールの元祖である。

ノレール線の技術を導入してつくられたものなのだ。

名鉄が跨座式モノレールを導入したのは、当時の社長である土川元夫《つちかわもとお》がヨーロッパ視察中にドイツで乗った跨座式モノレールをおおいに気に入ったからだ。

帰国した土川のアイデアで犬山の地に日本初のモノレールが誕生したのだが、その同じ頃、東京オリンピックを目前に控えた東京でも、羽田空港と都心を結ぶモノレールの計画が持ち上がっていた。

東京モノレールの導入を考えたのは、当時の帝国ホテル社長・犬丸徹三《いぬまるてつぞう》氏だった。旧知の仲であるスウェーデン人・ヴェナーグレン博士から「アルヴェーグ式（跨座式）モノレールを日本に提案させてほしい」という内容の手紙が届いたことがきっかけとなった。これにより、犬丸氏を発起人として日本高架電鉄が設立され、モノレール建設が始まったのである。

突貫作業だった東京モノレール

しかし、東京モノレールの起工式が行なわれたのは一九六三（昭和三八）年五月と、オリンピックまでわずか五五八日しかなかった。この過密なスケジュールでありながら、東京モノレールはオリンピック開会式直前の一九六四（昭和三九）年九月一六日に、無事開業式を迎えている。

無茶な計画が実現できたのは、名鉄の力添えあってこそだった。名鉄は資本参加した上で、多くの技術者を現場に出向させた。

アルヴェーグ式モノレールに魅せられた名鉄と日立製作所の技術を結集して、東京モノレールは作られたのである。

一説によれば、東京モノレールより先行して営業を開始した名鉄のモンキーパークモノレール線は、じつは東京モノレールの建設にあたってのテストという意味合いもあったともいわれている。

開業当時は、乗務員の多くも名鉄から出向していた。名鉄社員だけに名古屋出身者が多

東京モノレール。浜松町～羽田空港を結ぶ同線は、東京オリンピックに先立ち敷設された。その工事のスケジュールはきわめてタイトで、名古屋鉄道の力添えなくしては完成しなかったといわれている。

く、名古屋弁を矯正するのに苦労したという逸話も残っている。

名鉄は一九六五（昭和四〇）年に東京モノレールの経営から手を引き、その後、日立グループが経営を続けたが、その日立も二〇〇二（平成一四）に撤退。現在の東京モノレールは、ＪＲ東日本が筆頭株主となって運営されている。

開業当時の功労者はすでにいなくなってしまったが、名鉄が生み出した日本式の「跨座式モノレール」は今なお現役で活躍中だ。また、多摩都市モノレールや沖縄の「ゆいレール」、舞浜リゾートラインなど各所で同様の方式が採用されており、その技術は脈々と受け継がれている。

名鉄パノラマカーこそ、日本のパノラマカーの元祖！

名鉄全線

首都圏に住む人にとってパノラマカーといえば、一九六三（昭和三八）年にデビューした小田急電鉄のロマンスカーが頭に浮かぶだろう。

二階建ての構造で、座席の最前部と最後部が展望室となっており、全面ガラス張りの大きな窓から迫力のある景色を堪能できる。

今でこそJR東日本の「スーパービュー踊り子」や、伊豆急の「リゾート21」など、パノラマカーと呼ばれる車両は珍しくないが、小田急のロマンスカーこそがそれらすべてのパノラマカーのさきがけだと思いがちである。

しかし、パノラマカーの歴史を作った元祖は小田急ではなく、名鉄である。

名鉄のパノラマカーがデビューしたのは、小田急パノラマカーがデビューする二年前の一九六一（昭和三六）年。初代パノラマカーである七〇〇〇系は、現在名鉄のシンボルとされる赤い車体で、「名鉄スカーレット」の通称でデビューを飾っている。

名鉄パノラマカー７０００系。日本ではじめて運転席を二階に設け、展望席が設置された。当時驚きをもって迎えられた車両は１９６２年伊ブルーリボン賞を受賞している（名古屋鉄道提供）。

特急列車を一般車両と同じ価格で

名鉄パノラマカーは、同年社長となった土川元夫《つちかわもとお》が、副社長時代のヨーロッパ視察の際にイタリアで乗った特急セッテベロをヒントにつくったものだ。

運転席を二階にし、先頭車両の一階前面を客室にしたパノラマカーは、造形の美しさから、翌年、鉄道愛好団体「鉄道友の会」より、その年の最優秀車両としてブルーリボン賞が贈られている。

さらに、名鉄のパノラマカーは、その姿だけでなく、運行方法でも人々を驚かせた。

小田急のロマンスカーをはじめパノラマカーがもっぱら豪華特急として運行される

のに対し、名鉄パノラマカーは名古屋本線の特急としてだけでなく、支線を含む急行や準急、さらには各駅停車の車両としても、ごく普通に使われたからだ。

特急こそ座席指定の料金が必要だが、急行や準急、各駅停車は追加料金が発生しない。一般車両と同じ切符で、乗車することができたのである。

名鉄がパノラマカーを普通車両として利用したのは、当時から名古屋圏はクルマ社会で、いわゆるラッシュが少なかったからだ。

大混雑する通勤・通学の時間帯に乗車効率の悪いパノラマカーなど走らせれば、首都圏では乗り切れない人が続出してしまう。その点、名古屋圏ではその心配がなかったのだという。

さらに、特急と各駅停車のあいだに格差をつけず、誰でも気軽に楽しめるようにしたいという名古屋鉄道の考え方も、その背景にあったといわれている。

現在、パノラマカーが奏でる「♪ミー、♯ドーラー、ミー、♯ドーラー、ミー、♯ドーミーラー」の警笛の旋律は、名鉄沿線で暮らす人々にとって耳になじんだ、一種のソウルミュージックとなっているという。

初代七〇〇〇系パノラマカーはすでに二〇〇九（平成二一）年に引退したが、中京競馬場の東門近くに車両が展示されており、その優美な姿を見ることができる。

「イモ虫」から「ナマズ」まで!? 昭和初期にあった名物車両

名鉄全線

かつて名古屋鉄道の名物に「イモ虫」と「ナマズ」があった……そういわれてピンと来る人は、かなりの名鉄通といえるだろう。これらは、車両のニックネームである。

「イモ虫」と「ナマズ」が登場したのは、戦前の一九三七（昭和一二）年のこと。「イモ虫」が東部線（神宮前《じんぐうまえ》～豊橋《とよはし》間）の特急車、「ナマズ」が西部線（押切町《おしきりちょう》～新岐阜間）の特急車としてデビューを飾ると、従来とは違う独特なフォルムが話題となった。

それまで、電車の車両は四角いものとされていたが、この頃、飛行機をイメージした流線形が流行しており、名鉄がはじめてその形をとり入れたのが、「イモムシ」こと三四〇〇系と、「ナマズ」こと八五〇系だったのである（一五七ページ写真参照）。

「イモ虫」は全体にふっくらとした丸みを帯びた車体で、車両の足回りにはスカート（排障器：線路上の障害物をはね避ける装備）をはいていた。車体の凹凸が少なく、つるりとした形に加え、緑系のツートンカラーで塗装されたその姿は、イモ虫にそっくりであるとして、たちまちこの愛称で親しまれるようになった。

三四〇〇系は、「イモ虫」という愛称の、のんびりとしたイメージに反してスピードが速く、最高時速は一一〇キロメートルを記録。座席に転換クロスシートを採用したほか、一五〇馬力モーターを四個搭載し、自動加速制御、電力回生ブレーキなど、高速運転を可能にするための当時の最先端技術が満載されていた。

そのため、この車両はのちに誕生する三六〇〇系とともに、戦前の名鉄車両の最高傑作ともいわれている。

一方の八五〇系は黒っぽい緑系の色をした流線形の車両だ。前面が半円形になっているものの、車両側面は直線的であり、「イモ虫」に比べるとカチッとした印象を受ける。車両を横側からみると、円錐を縦に割ったような形が独特だった。

加えて特徴的だったのが、前面のデザインである。雨どいが前面の窓の上に垂れ下がり、左右の端部分には、それぞれ白線が三本ずつ入っていた。

この白線が、正面から見るとまるでナマズのヒゲのように見えることから、やがて「ナマズ」と呼ばれるようになった。

しかしながら、この三本のヒゲは、一九六五（昭和四〇）年、再塗装により塗りつぶされてしまう。この変化に、「ナマズ」がナマズでなくなったとして、ファンからは落胆の声が出たという。

３４００系こと「イモ虫」。先頭車の前面が丸みを帯び、車体下部はスカートに覆われた独特な形が鉄道ファンたちに愛された（名古屋鉄道提供）。

８５０系こと「ナマズ」。３４００系と同じタイミングに登場した車両で、丸みを帯びた形状と、幕板部に施された三本の飾り帯が特徴とされた（名古屋鉄道提供）。

名鉄には、普通列車と特急列車が連結するユニークな車両がある！

名鉄全線

日本の電車は、「特急」「急行」「快速」「準急」など、シートの形やサービス、停車駅の違いによって種類がある。このうち、「特急」以上の高速列車に乗車する場合、一般に乗車券とは別に特急券を購入する必要がある（鉄道会社によって例外あり）。

ところが名鉄には、乗車券だけで乗れる特急列車が存在する。

普通、どこの鉄道会社も一般車なら一般車のみ、特急なら特急のみで編成されるもの。しかし「一部特別車」と呼ばれるその列車は、特急用の停車駅に停車するが、通勤型の一般車両と特急用の特別車両が連結する特殊な編成をしている。

このうち一般車両は、乗車券さえあれば誰でも乗車でき、特急と同じスピードで目的地に行くことができるのだ。ただし、特別車両に乗る場合は、「ミューチケット」と呼ばれる特別車両券を買わなければならない。いわば飛行機のファーストクラスとエコノミークラスの違いだ。少々運賃が高くなっても快適な席に座りたいと思えば、特別車両券を追加で購入すればよいいし、運賃を抑えたいと思えば、乗車券だけ買って一般車両に乗ればよい。

しかも、飛行機のファーストクラスのチケットというと、エコノミークラスの何倍もの値段になるが、ミューチケットは一度の乗車につき三六〇円とリーズナブルだ。一部特別車の停車駅のタッチパネル式自動券売機で販売しており、乗車券を買い求めるのと同じ手軽さで、すぐに買えるのも魅力である。

乗客にとっては選択肢が増えてうれしい限りだが、なぜ名鉄はこのような特殊な車両を生み出したのか。じつはここには、ＪＲ東海との競争があった。

一部特別車両の一般車両先頭部。「ここより先は特別車である」と注意書きがある。

一一九ページで前述したように、名古屋本線はＪＲ東海道線とほぼ並行して走っている。そこでもし名古屋本線が、高額の特急を走らせたら、通勤・通学客をはじめとしたユーザーの多くが、ＪＲに流れてしまう可能性がある。

ＪＲ東海道線の車両は快適な転換クロスシートを導入しており、名鉄の一般車両よりも人気があるという。そこで、一部特別車枠を設定することで、スピードと快適性を兼ね備え、料金に応じて選べるサービスにしたというわけである。

名鉄の車両番号をチェック！じつは書体がオシャレ

名鉄全線

鉄道の車両を見てみると、下のほうに何やら番号がふられている。ＪＲならば「モハ113‐115」、名鉄なら「2338」といった具合で、まるで暗号のようだ。これは車両番号といって、日本では、すべての車両に記号番号を表記しなければならないと、運輸省令の「普通鉄道構造規則」に規定されている。

つまり、ＪＲや名鉄に限らず、全国の鉄道会社のすべての車両に車両番号がふられているわけである。

番号の表記は義務づけられているが、その番号を表記する書体は決まっていない。そのため鉄道会社によって異なっているので、書体に注目して見ると面白い。ＪＲ西日本のように、同じ会社の電車でも、車両によって書体が違うというケースもあるが、たいていは各社が書体をそろえているはずだ。

そのなかでも特徴的な書体を用いているのが、名鉄だ。現在、ほとんどの会社で丸ゴシックや細ゴシックが採用されているなか、名鉄で使用されるのは、通称〝時計文字〟と呼

名古屋鉄道の車両番号表記。名鉄の車両番号のフォントは時計文字とも呼ばれる「ローマン書体」が用いられる。また、ほかの鉄道会社の車両番号に比べ、文字のサイズがかなり大きいのも特徴である。

ばれる丸っこいローマン書体(Engraved Roman体)である。

じつはローマン書体は鉄道開通初期の国鉄の機関車に使われており、日本における車両記号はこの書体から出発している。のちにゴシックなどに変化していったが、名鉄は戦後、ファンからの要望に応える形でこの書体を用いているのだ。

日本の車両番号のルーツともいうべき貴重な書体なので、見たことがない人は、ぜひ実物を確認してほしい。

第六章

行って確かめたくなる！駅名・地名謎解き旅

「名電各務原駅」の冠は、なぜか「名鉄」ではなく「名電」という事実

名電各務原
めいでんかかみがはら
MEIDEN KAKAMIGAHARA

本書で表記しているように、名古屋鉄道は一般に名鉄《めいてつ》と略される。そのため、JRとの乗り換え駅では「名鉄名古屋」「名鉄一宮《いちのみや》」のように「名鉄」と冠する名が少なくない。だが、なかには「名鉄」ではなく「名電《めいでん》」と名のつく駅がある。各務原《かかみがはら》線の「名電各務原」、名古屋本線の「名電山中《やまなか》」、「名電長沢《ながさわ》」、「名電赤坂《あかさか》」。そして築港線の貨物駅である「名電築港《ちっこう》」の五駅だ。なぜ広く知られる「名鉄」の名を冠にしていないのか。

これには、いくつもの鉄道会社が合併してできた会社という歴史が関係しているようだ。

まず、「名電山中」、「名電長沢」、「名電赤坂」、そして「名電築港」だが、この四つの駅を開設したのは、愛知電気鉄道という会社である。このうち「名電山中」「名電長沢」「名電赤坂」は、一九二六（大正一五）年に「愛電《あいでん》山中」「愛電長沢」「愛電赤坂」の名で開業。「名電築港」は一九二四（大正一三）年に「東六号《ひがしろくごう》」駅としてはじまり、一九三二（昭和七）年に「愛電築港」に改称している。そしてこれら四つの駅は、すべて一九三五（昭和一〇）年八月一日に現在の「名電〇〇」という駅名に変更している。

ターニングポイントとなった一九三五年は、名岐《めいぎ》鉄道と愛知電気鉄道の合併が決まった年である。二つの鉄道会社が合併し、名古屋鉄道が誕生している。

企業合併には、さまざまな軋轢《あつれき》が生じるものだが、名岐鉄道と愛知電鉄の場合も例外ではなかった。名岐鉄道は吸収合併を主張したが、愛知電気鉄道は対等でなければ応じないと反発。一歩も引かない両社のあいだに名古屋市長と名古屋商工会議所の副会頭らが仲裁に入り、名岐鉄道側が折れる形になった。次に問題となった社名では、結局、名岐鉄道の旧名である名古屋鉄道になることが決まったが、愛知電気鉄道側には不満が残った。

そんな愛知電気鉄道側の気持ちをおさめるために行なったのが、「名電○○」への改称である。「名鉄」では名古屋鉄道の略称そのものになってしまうため、名岐鉄道と愛知電気鉄道から一字ずつとった「名電」にしたのではないかといわれている。

なお、「名電各務原」駅はほかの四駅とは少し経緯が違う。同駅を開設したのは、各務原鉄道という会社で、開業時は「二聯隊前《にれんたい》」という駅名だった。各務原鉄道もまた一九三五（昭和一〇）年三月二八日に名岐鉄道に吸収されて名古屋鉄道となっているが、駅名を「名電各務原」に変更したのはその三年後だ。その頃には「名鉄」の名が世間に浸透していたが、あえて「名電」の名を冠したのである。この理由もまた、旧名岐鉄道である名古屋鉄道の駅ではないことを暗に主張し、命名された可能性が指摘されている。

「国府」と「宮」が合体している国府宮駅の名称の謎

国府宮
こうのみや
KŌNOMIYA

東京都府中《ふちゅう》市や千葉県市川市国府台《こうのだい》、石川県七尾市本府中《もとふちゅう》など、全国には「国府《こくふ》」あるいは「府中」という名前の地がある。これは律令制時代の名残で、国府とはその時代の地方の行政庁であり、中央から派遣された国司たちが政務を執った場所のことだ。また府中は、その国府が建てられた統治の本拠地を意味している。

名古屋本線の路線図を眺めると、豊川《とよかわ》市の「国府《こう》駅」と稲沢《いなざわ》市の「国府宮《こうのみや》駅」と、「国府」の名がつく駅を二つ見つけられる。古代の地図と照らし合わせてみれば、豊川市の国府は旧三河《みかわ》国の、稲沢市の国府は旧尾張《おわり》国のものであることは容易に想像できるだろう。

だが、ここで一つ疑問が生じる。国府は行政で使われる建物のこと。宮は「宮殿」あるいは「神社」を指す言葉だ。それが合わさった「国府宮」とはどういう意味なのだろうか。

上位神社をまとめてしまえ！

結論からいえば、「国府宮」とは、駅北東部に鎮座する尾張大國霊《おわりおおくにたま》神社の別名である。

国府宮はだか祭り（正式名称は“なおい神事”）。毎年旧正月１３日に行なわれる祭りでは、神男をめぐって男たちがもみ合うさまが見物となっている。

話は、律令制時代にまでさかのぼる。律令制は、中央から派遣された国司《こくし》が任地に赴き、支配を行なう制度である。

その際、政治と文化の中心地として各国に国分寺《こくぶんじ》、国分尼寺《こくぶんにじ》という寺院が置かれたのだが、当時の仏教は外来の新しい宗教であり、地元民のなかには、在来信仰である神道をないがしろにしていると見る者も少なくなかった。そこで国司は、仏ばかりでなく古来の日本の神々をも尊重していることをアピールするため、各国の有力神社を参拝したのである。いわば地元の信仰拠点への表敬訪問であり、地元との軋轢を生じさせないための大切な仕事とされた。

国司が参拝すべき神社は定められ、その国でもっとも格式の高い「一宮《いちのみや》」をはじめ、

「二宮《にのみや》」「三宮《さんのみや》」と順にまわった。尾張国の場合、一宮は現在の一宮市にある真清田《ますみだ》神社、二宮は犬山《いぬやま》市にある大懸《おおあがた》神社、三宮は名古屋市にある熱田《あつた》神宮である。そして国による違いは多少あったが、国司たちはおおよそ六宮まで訪問したという。

しかし、時代が下るにつれ、この神社詣での風習は手間だと考えられるようになった。そこで平安時代頃には、上位の神社をまとめて勧請《かんじょう》した神社を造り、そこに参拝すれば、すべての神社詣《もう》でを済ませたことにしたのである。この神社は、複数の神社を総合した神社ということで、「総社《そうじゃ》」あるいは「惣社」と呼ばれ、国府の近くに置かれた。

尾張国の総社となったのが、尾張大國霊神社である。祭神は国霊神《くにたまのかみ》で、神社の正式名称とは別に周辺の人々からは「国府宮」と呼ばれていた。つまり駅名は、地元に馴染み深い神社の別名をもとに命名されたというわけだ。

その名がいかに親しまれてきたかは、毎年旧正月の一三日に行なわれる「国府宮はだか祭」の名称からも明らかだ。国府宮はだか祭りは日本三大奇祭の一つとされ、町内会ごとに集まった何千人もの男たちが、厳冬期の街中を裸のまま練り歩く祭りである。

祭りでは、厄年の男から選ばれた「神男」が三日三晩神社に籠もって修行する。神男に触れると自分の厄を払うことができると信じられており、神男を目指して裸の男たちがもみ合うさまは、見る者の寒さまで吹き飛ばすほどの熱気に溢れている。

各務原線

そうだったの⁉ 意外と知られていない各務原の由来

岐阜県南部の木曽川《きそがわ》北岸にある各務原市は、福利厚生が充実しているほか、岐阜市や名古屋市の通勤圏内にあるため、近年はベッドタウンとして発展してきている。また、「かわしま燦々《さんさん》夏祭り」や有名な「木曽川の鵜飼《うかい》」などの年間行事も多数催されており、観光地としても注目されつつある。

「かかみがはら」という地名を県外出身者で正確に読むことができる人はそういない。この難読地名は、どのような由来があるのだろうか。

じつはその問いに対する明確な答えはなく、諸説入り乱れている状態だ。

まず、江戸時代の各務原地区は台地で占められており、それが鏡のように平らだったからという地形説があげられる。少し変わったところでは、旅人の姿を由来とする説もある。

その昔、夜の中山道《なかせんどう》を黒い影に覆われた旅人が歩いていた。その姿が蚊に覆われているのか蓑を着ているのか判別し難かったため、「蚊か蓑《かみの》」という言葉が生まれ、それが転訛《てんか》して「各務野」となり、のちに「各務原」になったというのである。

実際に各務原市の北寄りには東西に伸びる中山道が通っており、道中には宿場《しゅくば》が形成されていた。道を行き交う旅人が多く、そうしたエピソードが生まれたのも頷ける。

また、古代に鏡作部《かがみつくりべ》という鏡を作る技術集団が、現在の各務原地区に住み着いたためという説がある。しかし、市が数回にわたって行なった遺跡調査で、一度も鏡作部たちが作った鏡が発掘されなかったため、この可能性は低いと考えられている。

謎の渡来人「各牟」氏

さまざまな説がいわれるなか、もっとも信憑性があるとされているのが、渡来人の各牟《かかむ》氏を由来とする説だ。

各務原市歴史民俗資料館によると、各牟氏はかつてこの地に移住し、乾田などの開発や須恵器《すえき》生産によって勢力を拡大したとされる一族で、その活躍から地域一帯に「各牟」の名を浸透させたようだ。だが、「各牟」という言葉については、渡来人が持つもともとの名前だったのか、それとも「各牟」という地名が先にあり、渡来人が現地の名を姓として名乗ったのかはわからないという。

いずれにせよ、七〇〇年代には簡易表記の「牟」を常用漢字にした「各務」へと表記が変わり、江戸時代以前までは「各務郡《かかみ》」と呼ばれるようになったそうだ。江戸時代には野

各務原の読みの違い

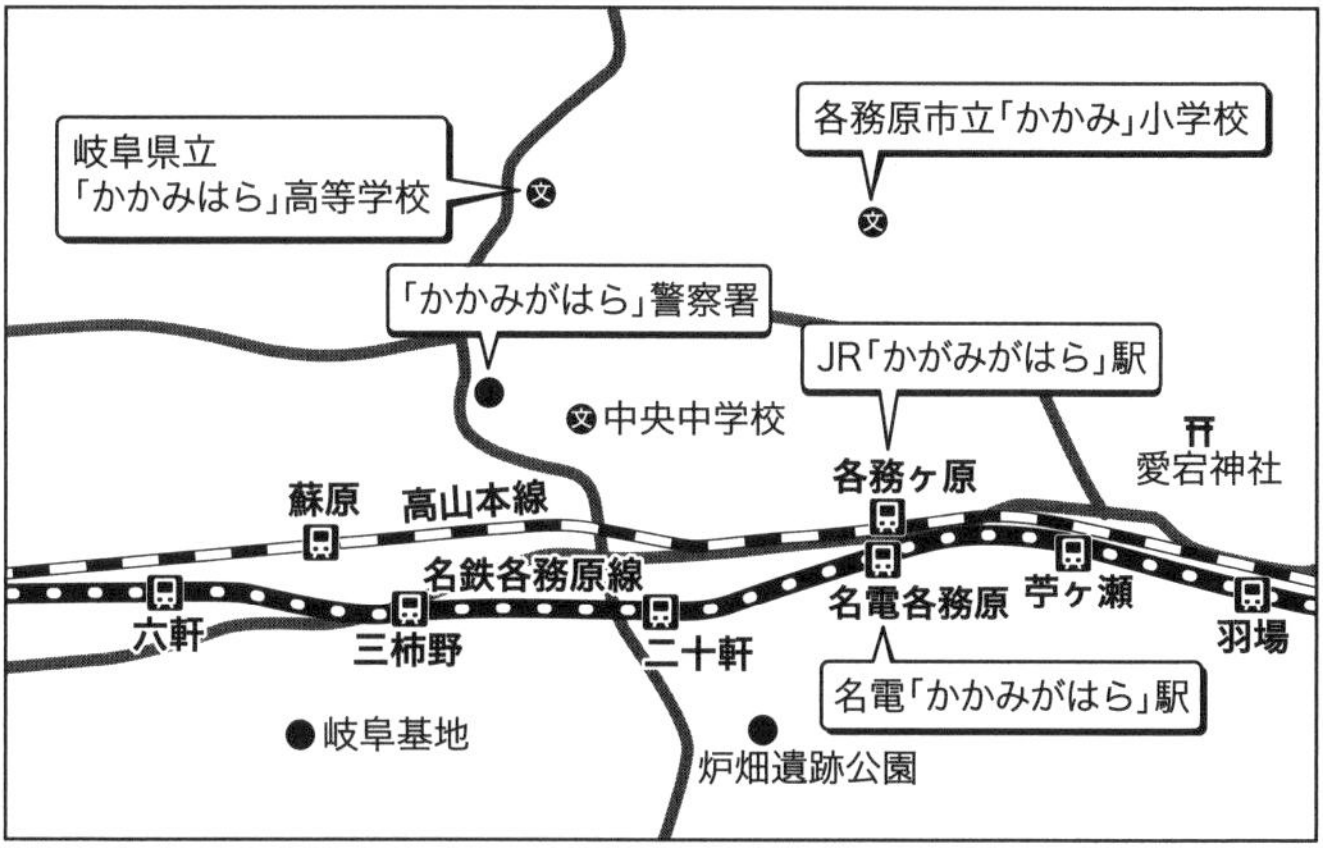

各務原市内の高校やJRの駅は、読みが統一されていない時代につくられた。そのため、現在の正式名称である「かかみがはら」とは不統一となっている。

原という意から「各務野」と変化し、さらに明治時代には日本軍基地が置かれ、砲撃練習場用の台地開発が行なわれたことから、「各務原」へと改名されたといわれている。「原」という字には「開発」という意があるため、地名に組み込まれたのである。

　各務原の読みは前述した通り正しい読み方は「かかみがはら」だが、市内には各務《かかみ》原《はら》高校やJR各務《かがみ》ヶ《が》原《はら》駅など、読み方が異なる場所がいくつか存在する。どうしてこのような混乱が起こったのかというと、各務原の読み方が統一されておらず議論がなされている時期に、これらの学校や駅が設立されたため、バラバラになってしまったのだという。結局それぞれの読みで定着し、今日に至っている。

猿投
さなげ
SANAGE

「足助」の地名は「足を休める」ことに由来する!?

三河線猿投駅から「とよたおいでんバス」でつながる観光地足助。地名は足助と書いて「あすけ」と読む。足助という地名は、平安時代末期、尾張に住んでいた「山田重長《やまだしげなが》」なる人物が、荘園《しょうえん》の荘官としてこの地に移住し、足助氏を名乗ったのが由来とされる。

山田重長は、鎌倉幕府を開いた源頼朝《みなもとのよりとも》らと同じく清和源氏《せいわげんじ》を祖とする。そして足助氏は、初代満政《みつまさ》から数えて六代目にあたる重遠《しげとお》の時代、源義家《よしいえ》に抵抗したため、勅宣《ちょくせん》により尾張国に移ることになった。重遠の孫である重長が現在の足助に居を移したのは一二世紀後半で、岡崎との分岐点付近にある黍生《きびゅう》城に住み、「足助」の名を用いるようになった。

その後の重長は、源氏の嫡流である源為朝《ためとも》の娘を妻に迎えるなど、それなりの勢力を保持していたようだ。

ここで一つ、謎が生まれる。足助の地名が定着したのは、「山田重長が足助氏を名乗ったため」と前述したが、そもそも「足助」はいったいどこからきたものなのか。

当時の慣習に従えば、荘官が任地に赴き、名字を変えたという場合、領地のもともとの地名をとり入れたと考えるのが自然である。言い換えれば、一族が移住してきたときには、すでに「足助」の地名が存在していたと考えられる。

豊田市郷土資料館によると、当地が街道の中継地だったことに注目した一つの仮説が考えられるという。足助は古来、山岳地帯と太平洋側を結ぶ中継地であり、また中世から近世にかけては、信州の伊那《いな》地方に抜ける中馬《ちゅうま》街道の中継地点であった。

中馬街道は三河湾でとれた塩を信州の山奥に運ぶ「塩の道」として知られ、足助までは川舟と馬で運び、足助の塩問屋で三河産の塩と他の産地の塩を混ぜ合わせ、険しい山道を運ぶために一袋約二五キロの軽い袋に詰め替えた。これを「足助直し」という。

古くから街道として重視されてきた歴史を踏まえると、中継地点であるこの地は、「足を休めた場所」であったと考えられる。つまり、「足を助ける」という意味から足助の地名が生まれた可能性があるというのだ。

たしかに、香嵐渓《こうらんけい》の近くには足と旅の守護神である「足助八幡宮」が鎮座し、古くから街道を通る人々は神社を参拝し、旅の無事を祈ってきた歴史がある。だが一方で、「アス」は湿地、「カ」は場所の意味があり、湿地が広がる地形に由来した名前で、「足助」の表記は当て字にすぎないという見方もある。

足助の名は調べるほどに謎めくばかりで、いまだ結論は出ないようだ。

超難読地名「曲尺手町」がこんな名になったいきさつ

豊橋
とよはし
TOYOHASHII

全国にはさまざまな難読地名があるが、ここ豊橋《とよはし》市の「曲尺手町」もハイレベルの難読地名といわれる。さてこの地名、なんと読むかおわかりだろうか。

正解は「かねんてちょう」。「手」が「て」、「町」が「ちょう」と読むのはわかるとしても「曲尺」で「かねん」と読めるのは、大工さんくらいかもしれない。

というのも、大工さんが使うものさしに同じ名前のものがあるからだ。ただし、大工さんのものさしの場合、「かねん」ではなく「かねじゃく」と読む。

読みが変わったのは、「かねじゃくてちょう」では発音しにくいためだ。はじめに「かねじゃく」が「かねて」と省略されたが、それでは「かねててちょう」となり、やはり口にしづらい。そこで、発音しやすいよう撥音便《はつおんびん》が使われて「かねん」となり、現在の読みである「かねんてちょう」になったという。

これで「かねんてちょう」の呼び方のいきさつは明らかになったが、ではなぜ「曲尺」がまちの名前に採用されたのだろうか。

はじめに浮かぶのが、昔このあたりが大工の町だった、あるいは曲尺の名産地だったというような説である。だが、結論を言ってしまうと、大工さんとも曲尺とも関係がない。曲尺手町の由来は、ほかでもない町の形にある。大工道具である曲尺は、直角定規を兼ねた金属性のものさしで、長短二本の直線が直角に交わる形となっている。一方の曲尺手町は、曲尺のように、直角に曲がる道が多い。

このような道になったのは、安土桃山《あづちももやま》時代の武将・池田輝政《いけだてるまさ》が城主だった頃、敵が攻めてきたときに、すんなりと城に辿り着けないように造らせたからだ。輝政は織田信長、豊臣秀吉と、その時代の権力者に仕えた人物で、秀吉の死後は徳川家康につき、関ヶ原の戦いの功により、のちに播磨《はりま》五二万石の大名になった。戦国の世をしたたかに生き抜いた輝政であればこそ、築城において抜かりがなかったのも当然だろう。

しかし別の説もある。参勤交代の際、大名行列がすれ違わないようにするためだったというのだ。当時、大名行列がすれ違うとき、格下の大名は乗物《のりもの》を降りなくてはならなかった。そうした面倒を避けるため、道を直角にしたのだという。角を曲がらない限り相手の行列が目に入らないし、すれ違いそうになれば近くで休憩して、相手が通りすぎるのをやり過ごすことができる。いずれの説が正しいかは不明だが、曲尺手町の由来が町の形を示したものであるとの考えは間違いなさそうだ。

「阿久比」の名が何度も表記を変えているのは当て字だったから!?

阿久比
あぐい
AGUI

愛知県東海《とうかい》市の太田川《おおたがわ》駅から知多郡美浜《みはま》町の河和《こうわ》駅までを結ぶ河和線は、知多半島の東側を縦に貫くように走っている。その河和線の駅の一つ阿久比《あぐい》駅の駅名は、所在地である阿久比町を由来とする。

阿久比は、史料によって七世紀までさかのぼることができる歴史的にも古い名である。日本に大陸から朝鮮半島を経て文字が伝わって来たのは古墳時代で、盛んに文字が使われるようになったのは七世紀後半から八世紀にかけての律令制時代である。それ以前の史料が非常に少ないだけに、七世紀の史料に土地名が残っているというのは、貴重である。

藤原宮跡から発掘されたその木簡には

（表）甲午年九月十二日知□□（田評）
（裏）阿具比里五□□部□□（皮嶋）□□（養）米□□（六斗）

とある。「知□□」は知多評で、のちの知多郡だろうと考えられる。また「阿具比里」とは阿久比の村を指しており、「五□□部」は五百木部つまりイオキベという氏の名だろうといわれている。この木簡は、知多郡阿久比村に住んでいたイオキベ氏が、都に働きに出ていた身内に食料として米を送った記録である。

これを見て明らかなように、この時代は阿久比ではなく阿具比と表記されていたらしい。ところが、その表記は奈良時代のはじめにガラリと変わる。平城宮跡から出土した木簡に「尾張国知多郡英比郷」の文字が見えるからだ。

この「英比」が阿久比を指すのだが、「英比」と書いて「あぐい」と読ませるのは少し無理がある。表記が変わったのには理由があった。奈良時代の初期にあたる七一三（和銅《わどう》六）年に、地名は二文字であらわし、縁起のよい字を使うべしという「二字・嘉名の令」が出されているからだ。二文字にしろといわれた阿具比の人々が、苦労して当て字で表現したのが「英比」だったというわけだ。中世には「亜古居」と書いた例もあり、現在の「阿久比」になったのは、明治時代に英比谷の一〇数カ村が合併してからである。

アグイの語源については、知多郡に鎮座する阿久比神社の祭神「アキクイノカミ」に求める説がある。祭神であるアキクイノカミは『古事記《こじき》』では「飽咋」、『日本書紀《にほんしょき》』では「開噛」という表記でそれぞれ一度だけ出てくるが、どういう神なのかは明らかでない。ただ、一説によるとこの文字が「あくいい」「あくい」などと読めるため、阿久比の語源であるといわれている。

「六軒」駅と「二十軒」駅の近くには本当にそれしか家がなかった！

各務原線

岐阜県各務原市の各務原線には、「六軒《ろっけん》」「二十軒《にじっけん》」という二つの不思議な駅名が存在する。「数字＋軒」の駅名といえば、東急電鉄田園都市《でんえんとし》線「三軒茶屋《さんげんぢゃや》駅」が有名だが、この駅名は地名をもとにしており、由来は、「かつて付近に三軒のお茶屋があった」ことによる。ということは、各務原線の「六軒」「二十軒」も三軒茶屋同様に、地名に由来しているのだろうか。

たしかに六軒駅の所在地名は六軒である。しかし、二十軒駅の所在地は三ツ池《みついけ》町であり、近隣に二十軒なる地名も見当たらない。

だが、六軒と二十軒の名の由来を調べていくと、一六九ページの各務原市の地名由来で触れた各務原台地の開拓の話に行き着く。

現在の六軒・二十軒駅を含む各務原台地は、江戸時代に「各務野」の名で呼ばれていたように、野原が広がるばかりの不毛な土地だった。そこで土地を有効活用しようと、開拓の話が何度となくあがっていたが、草原の草を家畜の飼葉や田畑の肥料に利用していた近隣の村々の反対にあい、実現には至らなかったという。

開墾が始まったのは江戸時代半ば頃からで、一七〇二（元禄《げんろく》一五）年には、加納（現在の岐阜市）の三宅佐兵衛と森孫作という二人の人物によって、現在の六軒地区周辺が開拓された。このときに開発されたのが、「三滝《みたき》新田」と「三ツ池新田」である。その後、三宅・森両名を含む開拓者たちが三滝新田付近に六軒、三ツ池新田付近に二〇軒の家を構えた。そこでそれぞれの一帯が「六軒」「二十軒」の名で呼ばれるようになり、六軒は地名としても定着したのだという。現在、新田は跡形も無く消えてしまったが、三ツ池新田の名は二十軒駅の所在地名である「三ツ池町」として今も生きている。

一方で、各務原の開拓とは無関係だと見る説もある。

江戸時代、旅人たちは中山道を通って、各務原台地の東のはずれに位置する鵜沼《うぬま》宿場から次の加納《かのう》宿場までを移動していた。その道中は夜になると真っ暗な上に人気がほとんどなかったが、わずかに休憩所や民家が建っていた。その家の数が一方は六軒ほど、少し離れた場所に二〇軒ほどあったため「人が少ない」という意味をあらわす言葉として「六軒」「二十軒」と呼ばれるようになったという。

各務原台地の開拓か、それとも宿場町の家の数かは定かでないが、いずれにせよ、やはりかつて一帯に建てられていた家の数が由来になっていることは間違いなさそうだ。

小牧線に「味」がつく駅名が多いのはおいしいものがあるから？

小牧線

小牧線の路線図を眺めると、起点である犬山から四駅目に味岡《あじおか》駅、終点上飯田《かみいいだ》の手前には味美《あじよし》駅と味鋺《あじま》駅と、「味」がつく駅名が集中していることに気づく。こう「味」の字が続くと、周辺に何かおいしいものでもあるのかと勘繰りたくなるところ……。

だが、ここで頻出する「味」の字は、どうも食べ物とは無関係のようだ。

まず「味鋺」と「味美」の由来から見ていこう。この駅名は、味鋺駅から徒歩一〇分余りの地に鎮座する味鋺神社の祭神《さいじん》と関わりがあるという。

同神社は平安中期に編纂された『延喜式《えんぎしき》』「神名帳《しんめいちょう》」の尾張国春日部《かすかべ》郡の項に名が見える古社である。同神社の由緒書によれば、神社の祭神は、大和朝廷で活躍した豪族・物部《もののべ》氏の祖とされる宇麻志麻治命《うましまじのみこと》とその子・味饒田命《うましにぎたのみこと》親子である。

宇麻志麻治命は味饒田命とともに皇城の守護を務めて政治に貢献し、その子孫が美濃《みの》（現在の岐阜県）・尾張・三河地方に住み着き、とくに尾張で発展したのだという。そこで味鋺の名は味饒田命に由来するという説がある。

この説を補強するのが、旧美濃国に鎮座する神社の存在だ。この神社は物部氏の祖神を祀っており、神社周辺には味蜂間《あはちま》郡（現在の安八《あんぱち》郡）という味鋺と似通った地名がある。さらに味鋺一帯と味蜂間一帯には同名地名が多く、物部氏を仲介として、何らかのつながりがあったことをうかがわせる。こうした点から、味鋺の名は物部氏と関わりがあり、深読みすれば物部氏の祖神の味饒田に由来すると考えられなくもない。

だが一方で、地形の特徴に由来すると見る説もある。

『各駅地名解　名古屋鉄道の巻』（東海地名学研究所）の著者・尾藤卓男によると、春日井原は、かつて葦《あし》が群生する原野だった。

つまり「味鋺」は葦が広がる原っぱという意味の「葦敷《あじき》」を語源とし、それが「安食」の表記になり、「味鋺」に転訛したのだという。「アジキ」から「アジマ」への音の変化については、「キ」も「マ」も「一定に区画された土地」をあらわす言葉であるため、意味は変わらないと述べている。

味美駅は味鋺駅と徒歩圏内にあり、味鋺と由来は同じと見てよいと考えられる。

次に「味岡」だが、この名は「味岡荘」の名で、一一世紀の文献に見える。安食より後発の地名であり、その名は「安食」をもととし、安食よりも標高が高い位置にあったため、「丘の上」の意味で味岡と名づけられたのではないかといわれている。

地形説かアイヌ語説か!? いまだ結論が見えない「知立」の語源

知立
ちりゅう
CHIRYŪ

愛知県知立市《ちりゅう》にある知立駅は、一九五九（昭和三四）年、旧三河鉄道の知立駅と旧愛知電気鉄道の新知立駅が統合して誕生した駅だ。名古屋本線と三河線の接続駅であり、知立市の中心駅として機能している。その駅の名はもちろん地名から名づけられているが、地名の由来は謎が多い。

まず「知立」の字だが、古来「知立」のほかに「智立」「池鯉鮒」「千鯉鮒」「血流」など表記が混在している。もっとも古い記録の一つとされるのが、平安時代中期に成立した『和名類聚抄《わみょうるいじゅうしょう》』に見られる「智立」で、奈良時代から使われていたとされる。鎌倉時代頃からは「智鯉鮒」と書かれることが多くなり、江戸時代には「池鯉鮒」が一般的になった。

この池鯉鮒の字は、かつて存在していた池から当てられたとされ、『万治道中記《まんじどうちゅうき》』には、「ここに池あり。明神の使いとて鯉鮒多し。ゆえに池鯉鮒という」という記録が見える。

もっとも、古くからある地名の多くは、姿を音で表現し、その音に合った適当な漢字をあてることが往々にしてあったため、表記から由来を探るのは難しいという見方もある。

ではその音は何をあらわしているのかというと、これもまた謎である。

大きく分けて地形や植生をあらわしたという地形由来説、神の名をあらわしたという神名由来説の二つがあげられる。しかし、その二つからさらに説が分かれる。

たとえば地形由来説なら、アイヌ語で低湿地を意味する「チリップ」に由来するという説、茅が生い茂るさまをあらわす茅生《ちふ》を語源とする説、そして「チリ」はぬかるみで、「フ」は場所をあらわすという説などがある。

神名由来説では、駅の北側、かつての東海道をなぞる国道一号と国道一五五号が交わるところにある知立神社にルーツが求められる。この神社の別名を池鯉鮒大明神といい、ヤマトタケルノミコトが東国を平定した際、この地に皇祖を祀って国の繁栄を祈願したと伝わるが、地主神である「木花知流比売命《このはなちるひめのみこと》」の「知流」からきたという説がまず一つ。

あるいは、「伊知理生命《いちりゅうのみこと》」の「知理生」に由来するという説がある。イチリュウノミコトは、ヤマトタケルノミコトが東征の帰りに当地を訪れ、一帯を治めさせたと伝わる神だ。

しかし、現在の知立神社にはイチリュウノミコトは祀られておらず、主祭神は、神武天皇の父・ウガヤフキアエズノミコトである。よって、この説の信憑性は怪しい。このように、いずれの説も「一説」に過ぎず、調べるほどに謎が深まる地名である。

「猿投」はペットのお猿を投げ捨てたことで名づけられた

猿投
さなげ
SANAGE

三河線は、豊田市から碧南市までの県域を南北に結ぶ路線である。その起点となるのが、豊田市猿投《さなげ》駅。「猿を投げる」と書くユニークな駅名は、駅から北に向かったところにある猿投町と、瀬戸《せと》市との境にそびえる猿投山（六二八・九メートル）を由来としている。

では、この一風変わった地名は、どのような経緯でつけられたのか。

一つに、「猿」は「去る」を意味し、都や町から遠く離れた山間の地をあらわしているという説がある。事実、群馬県の猿ヶ京《さるがきょう》や大分県の猿渡《さるわたり》など、全国に分布する「猿」の字がつく地名の多くは山あいの地にある。猿投もまた山間部に位置しているが、「投」の字が説明できておらず、決定打には欠ける。

他方、猿投山の形をあらわす言葉が語源であると見る説もある。吉田茂樹氏は『日本地名大事典』（新人物往来社刊）で、「ナゲ」を「長い」の意味があり、「サ」はその接頭語にあたるとして、長く横たわって見える「猿投山＝長い山」が由来だろうと指摘する。

しかし、もっとも有力とされるのは、ズバリ、「猿を投げた」ことに由来するという説だ。その根拠となるのが、猿投山の麓に鎮座する猿投神社に伝わる物語である。

猿投神社は、第一四代・仲哀《ちゅうあい》天皇の勅願によって創建された古社で、豊川市の砥鹿神社、知立市の知立神社と並び、三河の三宮の一つに数えられている。

その由緒書によると、第一二代・景行《けいこう》天皇の時代、天皇が伊勢に行幸《ぎょうこう》した折、ペットの猿のいたずらが過ぎたため、海に投げ捨てた。すると猿は鷲取《わしとり》山に逃げ込んで住み着き、のちにこの山は猿投山と呼ばれるようになったという。

猿投神社の主祭神は、オオウスノミコトといい、日本神話に登場するヤマトタケルノミコトの兄にあたる人物だ。そして二人の兄弟の父親は、景行天皇である。

記紀によれば、ヤマトタケルは西国平定を成し遂げて帰国した直後に、父から東国平定の命を受けている。不満を抱きつつ東に向かうヤマトタケルノミコトに対し、オオウスノミコトは父から美濃国を与えられ、支配のために赴いたという。かつての美濃国は猿投山の先にあり、オオウスノミコトは猿投山中にて、毒蛇にかまれて命を落としたとされる。

のちに猿投神社は景行天皇の孫・仲哀天皇が創建し、山頂に建つ奥の院西宮にはオオウスノミコトの墓所も設けている。このように、オオウスノミコトを通して景行天皇と同地のあいだに深い関わりがあったことは確かであり、「景行天皇が猿を投げた」エピソードは、あながち作り話ではないかもしれない。

思わず二度見してしまう！カタカナ混じりの「上ゲ」駅の由来

上ゲ
あげ
AGE

知多郡武豊《たけとよ》町にある河和線の上ゲ《あげ》駅は、一九三二（昭和七）年七月に知多《ちた》鉄道の駅として開業し、一一年後の一九四三（昭和十八）年二月の知多鉄道と名古屋鉄道の合併によって名古屋鉄道の駅となった。

現在は各駅停車の電車のみが停まる無人駅で、通勤や通学の利用客が多い朝の六〜八時を除く九時〜二二時のあいだは、毎時三十分おきに二本ずつしか電車が来ない。

ご覧のとおり、「上ゲ駅」は漢字と片仮名が組み合わさった一風変わった駅名だ。読み方は、「上ゲ」と書いて「あげ」と読むが、この名はどんな意味を持っているのか。

じつは駅の所在地である武豊町下門《しもと》の東側には、「ケ」が濁らない「上ケ」という名の字《あざ》があり、この上ケ地区辺りが、武豊町が村だった頃の中心地だった。

歴史をさかのぼること八〇〇年ほど前の一二二一（承久《じょうきゅう》三）年、後鳥羽《ごとば》上皇が鎌倉幕府から政権奪回を狙って兵を挙げた（承久の乱）。

倒幕の兵乱は京方を中心に盛り上がりを見せたが、結局は幕府によって抑え込まれ、これを機に朝廷は力を失い、幕府が主導権を握るようになった。武家政権のきっかけともなったこの戦いの終結からまもなく、山城国《やましろのくに》（現在の京都府南部付近）の醍醐《だいご》より、岩田氏が代官として武豊町に派遣された。

岩田氏は赴任後、スサノオノミコトを氏神《うじがみ》として祀る武雄《たけお》神社を「城内・領内鎮護の社」と定め、上ケの地に「長尾城」を築いている。城の立地は小高い丘の上で、周囲には農民たちが住んでいた。

この、長尾城下の居住区にあたるのが現在の上ケ地区であるという。農民たちは長尾城を日々見上げて生活していたのだろう。そこで「城を見上げる場所」として「上ケ」の名で呼ばれるようになったという。

だが、この説で決まりかというとそうでもないようだ。

前述の武雄神社に祀られる氏神を「上げ奉《たてまつ》る」の意から「上ケ＝上ゲ」の名がついたという説があるのだ。

武豊町歴史民族資料館によると、この場合の「ケ」は、東京都の「自由ヶ丘《じゆうがおか》」や「向ヶ丘《むこうがおか》」の「ケ」と同様の意味があるという。「上」は一字で「上げ奉る」の意味を持ち、その後ろに助詞にあたる「ケ」をつけたのではないかと推測している。それがのちに変化し、現在のようなカタカナ表記になったと考えられている。

小学校のクラスのような面白駅名「五ノ三」は、言葉遊びから

五ノ三
ごのさん
GONOSAN

愛知県弥富《やとみ》市の弥富駅から愛知県一宮市の玉ノ井《たまのい》駅までの三〇・九キロメートルを結ぶ尾西《びさい》線は、一八九八（明治三一）年に開業された名古屋鉄道でもっとも古い路線だ。その尾西線の発着点である弥富駅の一つ手前に、変わった名前の駅がある。愛知県弥富市五之《ごの》三《さん》町にある「五ノ三《ごのさん》」駅だ。まるで小学校のクラス名のような面白い名前は、駅名の多くがそうであるように、所在地名がもととなっている。

どこか愛嬌のあるこの地名、何か数字に意味があるのではと推測してしまうが、じつは違うようだ。洒落を利かせた言葉遊びのようなつけ方がルーツである。

五之三の地名のルーツをたどっていくと、戦国時代に行き着く。

領地を巡って争いが絶えなかったこの時代、織田信長は三度目となる伊勢（現在の三重県）への大規模な焼き討ちを行なっている。一五七四（天正《てんしょう》二）年に行なわれた長島《ながしま》総攻撃である。長島総攻撃は、一五七〇（元亀《げんき》二）年、石山本願寺《いしやまほんがんじ》の宗徒を中心とする武装集団が織田信長の天下統一の動きに反抗して起こした長島一向一揆《いっこういっき》に端を発する。蜂起する

真宗門徒《しんしゅう》に対し、信長は三度にわたり鎮圧を行ない、三度目の一五七四年に美濃・尾張・伊勢三国の教団を屈服させている。

五之三に住む人々も鎮圧の際にふるさとを離れることになったのだが、一五七六（天正四）年に、当地の名門として知られた服部《はっとり》氏が、配下の家来を引き連れて村の再興に乗り出した。その時期に、現在の五之三地区周辺で大規模な新田開発が行なわれたのだが、その開発の範囲は隣の古い村から現在の五之三地区の端に至っていた。

当時の村の集合区分が「郷」と呼ばれており、弥富市歴史民俗資料館によれば、それに端っこという意味の「桟」の文字を組み合わせて、一帯は「郷の桟《ごうさん》」と呼ばれるようになったという。それがいつの頃からか「ごのさん」と短縮して呼ばれるようになり、表記も簡略化されて「五之三」になったといわれているそうだ。「郷の桟」から「五之三」とは、なかなか思いもつかない話である。

このような書き換えがなぜ起こったのか、前出の資料館もわからないとのこと。あくまで仮定の話だが、江戸時代から明治時代にかけて、地名を台帳に記録する際、役人が難しい字を避けるためにこの表記を使った可能性はある。しかしそれを証明する手立てはなく、定かではない。なお、駅名が所在地名の「五之三」ではなく「五ノ三」の表記が使われている理由についても、不明とされる。

＜取材協力＞

名古屋市中区／津島市／清須市／各務原市／豊橋市教育委員会／各務原市歴史民俗資料館／豊田市郷土資料館／名古屋市博物館／弥富市歴史民俗資料館／武豊町歴史民俗資料館／竹島ファンタジー館

＜参考文献＞

『新修名古屋市史本文編　第二巻』『新修名古屋市史本文編　第三巻』『新修名古屋市史本文編　第四巻』（以上、名古屋市）／『ふるさとの町探訪記』国土交通省中部地方整備局、『扶桑町史』扶桑町教育委員会（以上、扶桑町）／『足助町誌』足助町誌編集委員会、『足助物語』足助町合併50周年記念誌編集委員会（以上、足助町）／『あぐいのあゆみ』阿久比町誌編さん委員会（阿久比町）／『郷土読本　犬山』犬山市教育委員会（犬山市）／『名古屋鉄道社史』『名鉄百年史』『明日へ続く道　名古屋鉄道百年の歩み』（以上、名古屋鉄道株式会社）／『私鉄の廃線跡を歩く2（関東・信州・東海編）』寺田裕一、『名鉄電車昭和ノスタルジー』『名古屋近郊電車のある風景今昔』徳田耕一（以上、JTBパブリッシング）／『全国鉄道事情大研究〈名古屋北部・岐阜篇1〉』『全国鉄道事情大研究〈名古屋東部篇〉』川島令三（以上、草思社）／『名鉄線歴史散歩〈東部編〉史跡をたずねて各駅停車』『名鉄線歴史散歩〈西部編〉史跡をたずねて各駅停車』斎藤典子（以上、鷹書房弓プレス）／『鉄道駅と路線の謎と不思議』梅原淳、『難読・誤読駅名の事典』浅井建爾（以上、東京堂出版）／『週刊JR全駅・全車両基地04　名古屋駅』『週刊歴史でめぐる鉄道全路線no.08―大手私鉄　名古屋鉄道1』『週刊歴史でめぐる鉄道全路線no.09―大手私鉄　名古屋鉄道2』（以上、朝日新聞出版）／『私鉄の車両〈11〉名古屋鉄道』飯島巌ほか、『飯田線各駅停車　94の駅で楽しむガイドブック』水野宏史（以上、ネコ・パブリッシング）／『鉄道ひとつばなし』原武史、『〈図解〉日本三大都市幻の鉄道計画』川島令三（以上、講談社）／『鉄道地図は謎だらけ』所澤秀樹（光文社）／『まるごと名鉄ぶらり沿線の旅』徳田耕一（河出書房新社）／『名鉄　東海の動脈とその周辺』毎日新聞中部本社報道部（毎日新聞開発）／『日本の私鉄　名古屋鉄道』広岡　友紀（毎日新聞出版）／『東海珍名所九十九ケ所巡り』大竹敏之（デイズ）／『津島歴史紀行』黒田剛司（泰聖書店）／『景勝・奇岩地学探訪―日本列島ロマンの旅』友成才（東洋館出版社）／『名古屋謎とき散歩―戦国の三英傑を育んだ歴史街を訪ねて』恩田耕治（廣済堂出版）／『各駅地名解　名古屋鉄道の巻』尾藤卓男（東海地名学研究所）／『知多の歴史』福岡猛志（松籟社）／『知多半島なんでも事典』廣江安彦ほか（新葉館出版）／『日本列島なぞふしぎ旅〈中部・東海編〉』山本鉱太郎（新人物往来社）／『草薙剣は二本あった』松田宏二（鹿友館）／『難読地名語ろーぐ〈東日本〉』日本漢字教育振興会【編】（日本漢字能力検定協会）／『大手私鉄の知恵とチカラ―激動の時代をどう走るか』森彰英（交通新聞社）／『続・知多半島を読む』木原克之（愛知県郷土資料刊行会）／『鉄道ジャーナル1995年2月号』（鉄道ジャーナル社）／『名列車列伝シリーズ15』（イカロス社）／『まるごと名鉄ぶらり沿線の旅　新版』徳田耕一（七賢出版）／『尾張名所図会　版本地誌大系』岡田啓ほか（臨川書店）／『尾張名所図会絵解き散歩』前田栄作ほか（風媒社）／『私鉄探検』近藤正高（SBクリエイティブ）／

中日新聞／朝日新聞／毎日新聞／日本経済新聞／日刊建設工業新聞

＜ウェブサイト＞

内閣府／愛知県／岐阜県／名古屋市／名古屋市東区／一宮市／各務原市／岐阜市／小牧市／東海市／阿久比町／美浜町／小牧市観光協会／津島市観光協会／豊田市観光協会／西尾市観光協会／揖斐川町観光協会／豊浜まちづくり会／北川組／名古屋鉄道／日本民営鉄道会社／鉄道博物館

監 修

大塚英二（おおつか えいじ）

歴史学博士（名古屋大学）。愛知県史編さん委員会専門委員、愛知県文化財保護審議会委員などをつとめる。1980年静岡大学人文学部卒業。1986年名古屋大学大学院文学研究科博士課程単位取得退学後、名古屋大学助手などをへて、現在、愛知県立大学日本文化学部教授。おもな著書に『日本近世農村金融史の研 究』（校倉書房）、『日本近世地域研究序説』（清文堂出版）、『新体系日本史3 土地所有史』（共著、山川出版社）、監修として『意外と知らない愛知県の歴史を読み解く！愛知「地理・地名・地図」の謎』（小社刊）がある。

※本書は書き下ろしオリジナルです。

じっぴコンパクト新書　259

JIPPI Compact

名鉄沿線《めいてつえんせん》の不思議《ふしぎ》と謎《なぞ》

2015年6月16日　初版第1刷発行

監　修……………大塚英二
発行者……………増田義和
発行所……………実業之日本社
〒104-8233　東京都中央区京橋 3-7-5　京橋スクエア
電話（編集）03-3535-2393
　　（販売）03-3535-4441
http://www.j-n.co.jp/
印刷所……………大日本印刷株式会社
製本所……………株式会社ブックアート

ISBN978-4-408-45558-7（学芸）